PSICOLOGIA SOCIAL DO TRABALHO

Dados Internacionais de Catalogação na Publicação (CIP)
(Câmara Brasileira do Livro, SP, Brasil)

Psicologia Social do Trabalho / Maria Chalfin Coutinho, Marcia Hespanhol Bernardo, Leny Sato, (organizadoras). - Petrópolis, RJ : Vozes, 2017. - (Coleção Psicologia Social)

Bibliografia

2ª reimpressão, 2025.

ISBN 978-85-326-5549-3

1. Ambiente de trabalho - Condição de trabalho - Organização do trabalho 2. Psicologia social 3. Trabalhadores - Saúde 4. Trabalho - Aspectos psicológicos I. Coutinho, Maria Chalfin. II. Bernardo, Marcia Hespanhol. III. Sato, Leny. IV. Série.

17-06762 CDD-302

Índices para catálogo sistemático:
1. Psicologia Social do Trabalho 302

Maria Chalfin Coutinho
Marcia Hespanhol Bernardo
Leny Sato
(orgs.)

Psicologia Social do Trabalho

EDITORA VOZES

Petrópolis

© 2017, Editora Vozes Ltda.
Rua Frei Luís, 100
25689-900 Petrópolis, RJ
www.vozes.com.br
Brasil

Editoração: Eliana Moura Carvalho Mattos
Diagramação: Mania de criar
Revisão gráfica: Fernando S.O. da Rocha
Capa: Studio Graph-it

ISBN 978-85-326-5549-3

Este livro foi composto e impresso pela Editora Vozes Ltda.

SUMÁRIO

PREFÁCIO

No início da década de 1980, São Paulo era visivelmente uma cidade industrial. Havia fábricas por toda parte – norte, sul, leste e oeste. Por exemplo, na área que hoje abriga escritórios e edifícios altos e elegantes em torno da Ponte do Morumbi, havia uma fábrica após a outra ao longo da Avenida das Nações Unidas e ruas adjacentes até o Autódromo de Interlagos. A psicologia do trabalho que era ensinada nas faculdades era a psicologia da administração de pessoal empresarial das fábricas e dos bancos: testes de seleção e um pouco de treinamento profissional. Fora de uma ou outra filial de empresa estrangeira, as relações de trabalho eram rudimentares em todos os setores, bem como as condições nas fábricas e bancos, mesmo com leis relativamente avançadas, eram minimamente adequadas. Acidentes e doenças de trabalho eram comuns, admissões e demissões ocorriam em níveis elevados e a vida dos sindicalistas que buscavam efetivamente representar os trabalhadores de seus setores era muito complicada, com pressões e ameaças constantes. No âmbito federal, o governo continuava nas mãos dos militares (Figueiredo, 1979-1985), e seria somente em 1983 que os governadores dos estados voltariam a ser eleitos, mas ainda com pouquíssimo poder ou orçamento. Nessas circunstâncias, não seria estranho saber que a psicologia do trabalho ocupava um distante terceiro lugar entre as opções dos universitários do quinto ano e que a área de orientação profissional – sob forte influência clínica – era voltada aos dramas da escolha entre as profissões clássicas para uma juventude, em grande parte, de elite.

Em paralelo ao mundo do trabalho em fábricas, escritórios, repartições e bancos havia um outro mundo de trabalho: por conta própria, sem carteira, "de bico" e de muitos outros nomes. Nos melhores tempos de pleno emprego, a porcentagem da força de trabalho com contratos regulares assinados nunca chegou a mais de 60% e, nos momentos mais difíceis – por exemplo, na crise da década de 1980 –, desceu para 40%. Pode-se dizer que, se o mercado de trabalho formal representava por volta de 50% dos postos e inserções, a área imensa de outras maneiras de "se virar" representava também 50%. Entretanto, não havia qualquer discussão na psicologia sobre suas formas e suas implicações; não fazia parte da concepção ortodoxa do mundo do trabalho.

Naquele período, alguns poucos estudantes de Psicologia começaram a discutir a possibilidade de uma psicologia do trabalho que desse conta dessas contradições. A resposta e os resultados dessa busca por uma psicologia do trabalho mais adequada aos desafios da complexidade brasileira estão neste livro, *Psicologia Social do Trabalho*, escrito por muitos dos jovens que começaram ou, mais tarde, se juntaram a esse debate.

Se repensar bases teóricas é uma atividade difícil, repensar uma profissão é ainda mais desafiador. Requer não somente maneiras de falar sobre questões, mas também formas de agir e intervir no cotidiano. Não é um processo lógico; ao contrário é permeado de dúvidas, tentativas e erros, que pouco a pouco vão se transformando em possibilidades. Olhando para trás, é possível apontar tendências ou momentos-chave, que não eram assim entendidos naquele momento. Tal como as mudanças paradigmáticas em outros campos de saber, o caminho muitas vezes foi pelas bordas. Os movimentos sociais na Saúde abriram espaço para a discussão sobre a saúde do trabalhador, e os Centros de Referência de Saúde do Trabalhador forneceram um lugar para buscar outros meios de ação. A chegada da informática trouxe novos problemas de saúde, como as Lesões por Esforço Repetitivo (LER), que abriram as portas para um debate sobre as condições de trabalho nos bancos e repartições. As diferentes crises no mercado de trabalho e o apoio do movimento sindical às iniciativas de trabalhadores – que mediante o fechamento das fábricas com dívidas trabalhistas e sem a possibilidade de receber o que lhes era devido assumiram o controle de fábricas de pequeno e médio porte – abriram espaço para a discussão de uma opção mais solidária de relações de trabalho e propostas para atividades econômicas com o mesmo nome. As incubadoras tecnológicas de apoio às cooperativas populares, criadas por alunos e professores das universidades com maior preocupação social, foram também lugares para a discussão e experimentação de novas práticas. Em outros espaços, especialmente no campo rural, onde a psicologia e a psicologia do trabalho estavam tradicionalmente ausentes, mudanças similares aconteceram. Nas lutas do Movimento dos Trabalhadores Sem Terra (MST) e na criação de assentamentos, havia debates sobre formas solidárias e mais cooperativas de atividades econômicas. A mobilização das pastorais, dos sindicatos de trabalhadores rurais e os estudos sobre as condições de trabalho nas grandes lavouras abriram novas frentes para a discussão das condições de trabalho.

Quando olhamos para trás, às vezes, parece que o processo de repensar uma teoria e prática disciplinar foi fácil, passo a passo e sem conflito tanto dentro como fora do campo da psicologia. Todavia, não era assim. Fora do campo da psicologia, uma indicação muito clara do tamanho do desafio foi dada em um pronunciamento do antropólogo brasileiro Roberto DaMatta em evento importante da Câmara do Grande ABC, na região metropolitana de São Paulo, em 1992:

> O Brasil tende a nos confundir ou a nos perturbar porque nele existe uma sociedade que surge como antiga e moderna, simultaneamente. Temos uma sociedade industrializada... Convivendo com pobreza e miséria... Continuamos a manter um subemprego galopante, legitimado por um sistema legal que contempla muito mais o capital do que o trabalho... É nesse casamento de antigo com moderno, de centro com periferia que temos, me parece, de concentrar a nossa atenção mais crítica.

No campo da psicologia, o caminho de construção de novas práticas e teorias passou pelo desafio da produção de dissertações, teses, artigos científicos, como também de concursos de seleção. Há outros desafios de um repensar intelectual, como buscar autores e lidar com a inconsistência entre dados empíricos e ideias muito queridas. Porém, se as ideias não encontram a luz do dia, o esforço nada vale. Pouco a pouco foram se formando redes de pesquisadores com a capacidade de abrir caminhos e, durante muito tempo, os Cadernos de Psicologia Social do Trabalho (lançados em 1998) e os grupos de trabalho da Associação

Nacional de Pesquisa e Pós-Graduação em Psicologia foram lugares de extrema importância na busca de uma legitimação de novas ideias e práticas.

Finalmente, chegou-se ao momento em que diversos colegas, incluindo o autor deste prefácio, começaram a sugerir que seria muito útil juntar os diferentes caminhos, os conceitos e autores utilizados, as experiências e os estudos em um só lugar para que pudessem ser apreciados mais coletivamente; de preferência em um livro. Aqui temos o resultado: um texto instigante, honesto, fruto de anos de discussão e estudos, atual e muito necessário.

Não sou ingênuo de imaginar que superamos as armadilhas e os desafios que Roberto DaMatta apontou vinte e cinco anos atrás. Mas tenho a confiança de que os alicerces, assim como uma parte significativa do primeiro pavimento de uma Psicologia Social do Trabalho mais apropriada às condições e questões brasileiras, foram construídos. Um indício disso está presente na mudança sutil de nome: de Psicologia do Trabalho para Psicologia Social do Trabalho. Ao pensar uma psicologia do trabalho, corre-se o risco de presumir que há uma concretude independente de uma atividade chamada "trabalho", similar a respirar, beber ou andar – algo natural. A insistência no social é um alerta para esse risco e uma lembrança de que o que chamamos de "trabalho" é o que "chamamos" de trabalho; tanto a palavra, a ideia, quanto as ações associadas à ideia. Talvez possamos dizer que o problema começa aí...

Peter Spink
Centro de Estudos em Administração Pública e Governo
Escola de Administração de Empresas de São Paulo
Fundação Getúlio Vargas

1
A PERSPECTIVA DA PSICOLOGIA SOCIAL DO TRABALHO

Leny Sato
Instituto de Psicologia da Universidade de São Paulo

Maria Chalfin Coutinho
Universidade Federal de Santa Catarina

Marcia Hespanhol Bernardo
Pontifícia Universidade Católica de Campinas

O livro que aqui apresentamos traz elementos característicos da perspectiva da Psicologia Social do Trabalho (PST), tal qual a temos construído no Brasil. Trata-se de uma psicologia social que focaliza os fenômenos e problemas do trabalho e, para tanto, conta com elementos que a singularizam, enraizados em sua história, em seus princípios, em seus objetivos, em sua ética não liberal e nas áreas e disciplinas com as quais dialoga. Enfim, singulariza-se pelo próprio objeto que constrói. Tais elementos, por sua vez, norteiam reflexões e práticas de pesquisa e de intervenção.

A constituição da PST não aconteceu como decorrência de um projeto definido *a priori*, e ela emerge em um momento de cruzamento de múltiplas forças, em um contexto de redemocratização no país e de busca por leituras da psicologia social voltadas para iluminar os problemas da nossa sociedade. Trata-se de um processo recente, de cerca de três décadas, ainda em andamento, e não de uma construção acabada. Tal construção foi motivada pelo sentimento de indignação com a percepção da injustiça em nossa sociedade, que é bastante desigual, e, em especial, pelo modo como se dá a exploração do trabalho em nosso país (Bernardo et al., 2017). É possível afirmar que ela não foi orientada por um plano teleologicamente elaborado, sendo que o seu alvo primeiro consistiu em melhorar a vida das pessoas na busca pela cidadania, mesmo reconhecendo seus limites em nossa sociedade.

Considerando a afirmação de Kuhn (1987) de que o que caracteriza uma determinada abordagem científica é sua história e o contexto no qual ela se constitui enquanto tal (e não regras estabelecidas *a priori*), é possível afirmar que a história e a trajetória da PST singularizam-se pelos problemas que ela estuda e pelas demandas que aceita. A esse respeito, a PST é devedora da segunda perspectiva abaixo descrita, a qual será mais detidamente apresentada no capítulo 3.

> Podemos dizer que o trabalho e as organizações passam a ser objeto de investigação e de práticas para a psicologia a partir de duas perspectivas. A primeira – que historicamente ficou conhecida como sendo "a" psicologia do trabalho e das organizações – abraçou problemas e interesses postos pelo corpo gerencial e pelo capital, articulando-se, por exemplo, com a administração e com a engenharia. A segunda, que tem os problemas humanos no trabalho como objeto e que é informada pela leitura da psicologia social e da medicina social latino-americana e da saúde coletiva: a saúde do trabalhador. Pode-se dizer que, embora ambas tematizem fenômenos do mundo do trabalho e dos processos organizativos, cada uma dessas vertentes encaminhou suas trajetórias isoladamente, mantendo, no nosso caso, poucos pontos de contato, quer sejam tomadas as referências teórico-metodológicas, as práticas e os *loci* nos quais essas práticas são exercidas (Sato, 2003, p. 167).

Para a PST, o "Trabalho" é categoria central. Essa afirmação pode parecer algo evidente e redundante; entretanto, é importante fazê-la, pois uma das críticas tecidas às abordagens hegemônicas da psicologia em relação ao trabalho, refere-se

> [...] à sutil exclusão que tem, precisamente, a categoria trabalho das análises convencionais [...]. Neste sentido, as perspectivas que compõem as contrapsicologias assumem o trabalho, ou melhor, as condições de trabalho como categoria central de análise não somente

> como um contexto no qual ocorrem fenômenos humanos no trabalho. Ao fazer essa operação, tomam distância do enfoque gerencial e funcionalista e de uma visão dos trabalhadores como recursos destinados a incrementar os lucros (Pulido-Martinez & Sato, 2013, p. 1.358, tradução nossa).

Dessa forma, afirmamos que só é possível estudar a dimensão psicológica dos trabalhadores[1], a intersubjetividade e as relações interpessoais no trabalho situando-as concretamente nos contextos micro e macrossocial. O trabalho é compreendido, assim, em sua materialidade e em sua historicidade, o que exige a consideração das relações de poder presentes na divisão social do trabalho e nos valores e ideologias – entendidas aqui no sentido marxista –, bem como das condições e das peculiaridades do capitalismo contemporâneo.

Vale pontuar que, em nosso país, tal como é apresentado no capítulo 2, tivemos um processo de industrialização tardio, periférico e subordinado, criando as bases para uma sociedade, até hoje, profundamente desigual. Conforme nos lembra Chauí (2012) ao analisar as dificuldades para democracia no Brasil no contexto neoliberal atual:

> [...] a sociedade brasileira é oligárquica e está polarizada entre a carência absoluta das camadas populares e o privilégio absoluto das camadas dominantes e dirigentes. [...] A polarização entre a carência e o privilégio, expressão acabada da estrutura oligárquica, autoritária e violenta de nossa sociedade, nos permite avaliar o quanto tem sido difícil e complicado instituir uma

1. Por uma questão de estilo, optamos ao longo do livro por usar a palavra trabalhador(es) no masculino. Isso não significa reduzir a classe trabalhadora ao clássico estereótipo do homem branco e heterossexual, pois levamos em conta a diversidade que compõe os modos de ser nos cotidianos de trabalho. Na direção apontada por Santos, Diogo e Shucman (2014), destacamos as diversidades e desigualdades presentes em diferentes campos da vida social. No que se refere ao ambiente de trabalho, há que se reconhecê-lo como "[...] um espaço adverso à diversidade. As diferenças em relação ao sujeito-padrão (homem branco) redundam em condições subalternas de inserção e tratamento" (idem, p. 26).

> sociedade democrática no Brasil e dar pleno sentido à cidadania (p. 161).

Ao problematizar o modo como o trabalho se apresenta em nossa sociedade, a PST tem, sobretudo, a intenção de questionar e apontar as condições e relações de trabalho que restringem as ações das pessoas, constrangem seus modos de ser e limitam suas condições de vida. Assim, essa abordagem situa-se no âmbito das perspectivas críticas (Pulido-Martinez & Sato, 2013).

A crítica tem como alvos a reificação das relações sociais, a exploração do trabalho humano e os limites para uma vida que anseia por fruição, criatividade e liberdade, não no sentido individualista, característico do neoliberalismo, mas no sentido do coletivo e da busca pela cidadania negada no contexto brasileiro atual, conforme discutem Patto e seus colaboradores (2009).

O reconhecimento das disputas que envolvem a definição das condições de trabalho a que as pessoas são submetidas leva a uma aproximação com as organizações coletivas de trabalhadores, sejam elas as instituições sindicais ou outros movimentos sociais que articulem as camadas populares.

O estudo e a intervenção sobre contextos reais de trabalho – tema do capítulo 5 – também demandam a consideração dos aspectos materiais e técnicos, dentre eles as atividades que os trabalhadores desenvolvem, as relações e condições nas quais as atividades ocorrem, assim como os valores e regras presentes.

Para tanto, busca-se enfocar as condições singulares nas quais o trabalho acontece, sem, no entanto, abstraí-las dos processos macrossociais que as determinam. Assim, estudá-las com as lentes do cotidiano – uma esfera de apreensão do real, conforme Tedesco (1999) – é dar espaço para a emergência e a expressividade do que é local e singular, sem deixar de reconhecer a participação nesse âmbito das especificidades dos processos macrossociais. Na direção apresentada no capítulo 4, ao priorizar o olhar para o cotidiano (Coutinho, Oliveira & Sato, 2016), a PST não se filia a uma abordagem teórica ou metodológica específica. Ela se vale de variadas modalidades de aproximação com o real (como demonstrado no capítulo 5), afastando-se dos cânones da ciência positiva hegemônica.

Em síntese, o estudo e a intervenção na perspectiva da PST devem ter lentes dirigidas, simultaneamente, ao macro e ao micro; ao singular e ao geral; ao individual e ao coletivo; ao subjetivo e ao objetivo; ao mundo material e ao simbólico. Tais dimensões não devem ser vistas como dicotômicas. Ao contrário, o olhar deve considerar, sobretudo, a relação entre elas.

É importante ressaltar que pavimentaram os primeiros passos trilhados pela PST, sendo parte importante de sua história, os estudos desenvolvidos em grandes empresas industriais e de serviço nos centros urbanos, sempre com a finalidade de conhecer e de dar visibilidade às condições e às modalidades de gestão que, de alguma forma, constrangem os trabalhadores. São estudos que buscaram conhecer o mundo do trabalho a partir do ponto de vista dos trabalhadores[2], dando a conhecer os possíveis efeitos do controle simbólico materializado nas políticas de gestão que expressam a ideologia gerencial e afetam a vida e a saúde dos trabalhadores para além do local de trabalho, às vezes de forma dramática. Desse modo, as facetas do trabalho regulado – protegido pela legislação trabalhista e previdenciária, e que conta com os sindicatos como entidades de defesa dos interesses dos trabalhadores e de construção de contradiscursos – foram realidades importantes para a construção dos pilares identitários dessa perspectiva da psicologia.

Alguns dos estudos com essas características situam-se no campo da Saúde do Trabalhador, buscando dar visibilidade e denunciar condições e formas de organização do trabalho danosas à saúde, bem como angariar elementos para transformar o trabalho, tendo por referência os direitos de cidadania dos trabalhadores. Não se trata, portanto, de estudar o trabalho em sua relação com a saúde, de modo a aprimorar a *performance* do trabalhador visando garantir a produtividade.

---

2. Entre os estudos desenvolvidos a partir do ponto de vista dos trabalhadores de grandes empresas podemos citar: Bernardo (2006), Coutinho (2000), Navarro (1998), Oliveira (2005) e Sato (1993, 1998).

A Economia Solidária é outro importante campo de estudo e intervenção da PST na medida em que abre possibilidade de construção de relações de trabalho igualitárias, com seus desafios e contradições. A importância desses dois campos de estudo – Saúde do Trabalhador e Economia Solidária – na consolidação da PST é tratada no capítulo 3.

Apesar da relevância dos estudos acima referidos sobre o trabalho regulado em grandes empresas, este livro optou por não dedicar um capítulo exclusivamente a eles, por dois motivos. O primeiro deve-se ao fato de já contarmos com diversas publicações referentes a tais pesquisas. O segundo motivo reside no fato de que, mais recentemente, a perspectiva da PST tem ampliado o escopo de seus estudos para além da ênfase nos trabalhos urbanos regulados na indústria e nos serviços, e deslocado suas análises para outras formas de trabalho que, embora tradicionais no Brasil, não vinham sendo foco da Psicologia, tais como as ruralidades e as informalidades, temas que serão tratados, respectivamente, nos capítulos 6 e 7 do presente livro.

Outra característica importante da PST é o diálogo e as fronteiras que estabelece com diferentes disciplinas. Dada a sua preocupação em situar mais amplamente os determinantes e as configurações do trabalho, ela se vale do conhecimento construído em disciplinas de outras ciências humanas e sociais para compreender as especificidades do Brasil e explicar as relações de trabalho no capitalismo, tal qual se apresentam na atualidade. Dessa forma, a ciência política, a sociologia, a antropologia, a história e a geografia política são disciplinas com as quais temos estabelecido franco diálogo.

Uma vez que a PST estabelece interfaces com outras disciplinas das ciências sociais, adota leituras sobre o trabalho que o tomam em seus determinantes econômicos, sociais e políticos e, assim, compreende os modos de ser, de se comportar e de se relacionar no trabalho de uma forma interdisciplinar. Com o auxílio de tais aportes, ela tem argumentos para criticar a psicologização dos problemas que afetam os trabalhadores, bem como para compreender determinados padrões de relações interpessoais observados no trabalho que estão na raiz desses problemas. Essa leitura responde ao que Pulido-Martinez e Sato (2013) criticam, concordando com Campos (1981), sobre a perspectiva psicológica hegemônica:

> [...] a psicologia deveria ir além de conceber a tríade economia, política e história como um pano de fundo ou como variáveis suscetíveis de serem operacionalizadas para fazer análises mais enriquecidas, para em seu lugar propor que o psicológico deveria ser considerado como uma realidade integral que se concretiza em formas individuais de consciência e ação (Pulido-Martinez & Sato, 2013, p. 1.359, tradução nossa).

Tais características aproximam a perspectiva adotada pela PST com a leitura da chamada psicologia social sociológica[3]. Ao situarmos a PST dentro desse marco, queremos enfatizar não só o diálogo com teorias e conceitos oriundos da sociologia e de outras ciências sociais e humanas, mas também, e na mesma direção apontada por Álvaro e Garrido (2006), situar nossa perspectiva como parte dessas ciências. Ao fazê-lo, resgatamos as origens da psicologia social sociológica e, ao mesmo tempo, reconhecemos como relevante a adoção de uma perspectiva contemporânea, preocupada com os problemas sociais de nossa sociedade.

As leituras que focalizam a realidade dos países do Sul também são particularmente importantes, pois iluminam as singularidades do trabalho em nossa realidade. Assim, toma-se com cuidado as construções teóricas produzidas no Norte, pois, embora elas muitas vezes apresentem-se como abordagens universais, foram construídas numa determinada realidade e a ela estão referidas.

O questionamento de teses, como a do fim da centralidade do trabalho (discutida no capítulo 2), é particularmente relevante, pois,

---

3. Ao analisarem a construção histórica da psicologia social contemporânea, Álvaro e Garrido (2006) situam duas vertentes da psicologia social – psicológica e sociológica – desenvolvidas paralelamente a partir da psicologia e da sociologia. De acordo com os autores, na segunda metade do século XIX, quando as duas disciplinas buscavam se consolidar como conhecimento científico, de modo autônomo, tiveram de fazer frente "ao problema de suas relações recíprocas" e à intersecção entre elas, o que "daria lugar à psicologia social" (Álvaro & Garrido, 2006, p. XXII).

> [...] como deixar de considerar o monumental contingente de trabalho existente no sul do mundo, especialmente em países como China, Índia e tantos países asiáticos de industrialização recente. Ou ainda Brasil, México, dentre tantos outros exemplos latino-americanos dotados de grande contingente de força de trabalho? (Antunes, 2014, p. 39).

Vale lembrar que a preocupação com as peculiaridades da realidade da América Latina e dos modos de trabalhar que nos são próprios está presente na tradição da psicologia social latino-americana. De acordo com Spink (1996), as características desse continente levaram a "uma saudável sociologização da psicologia social e uma rejeição de muito de seu conteúdo tradicional" (p. 177). Dentre os muitos autores que desenvolveram uma psicologia social com essas características, destaca-se Ignácio Martín-Baró, com seu projeto de uma Psicologia da Libertação. A aproximação dessa perspectiva com a da PST é mais detalhada no capítulo 3, mas vale destacar que, em um texto dedicado à análise da situação do trabalho latino-americano (Martín-Baró, 1989), o autor propõe a superação de enfoques tradicionais sobre o trabalho da psicologia por um enfoque político capaz de compreender os setores marginalizados, discriminados e explorados da população. Assim,

> A leitura de Martín-Baró (1989) se colocava como inovadora por propor uma aproximação do olhar e do fazer da psicologia com o trabalho como efetivamente acontece, sem se prender a modelos prontos, oriundos de outros contextos, ou mesmo tentar psicologizar a realidade social. Desse modo o autor se aproxima das peculiaridades e diversidades dos modos de trabalhar que nos são próximos (Coutinho, 2015, p. 4).

As características da PST apresentadas neste capítulo evidenciam uma perspectiva que compreende o mundo do trabalho como algo complexo e que, portanto, precisa também de uma abordagem complexa para ser compreendido, analisado ou ser foco de intervenção. Nos capítulos que se seguem, tais características serão discutidas de forma mais aprofundada, ainda que tenhamos clareza de que este livro não é uma apresentação exaustiva e final da PST, mas um começo de conversa.

* * *

Antes que o leitor passe aos próximos capítulos que compõem este livro, gostaríamos de esclarecer sua origem e a forma como está organizado. Ele surgiu das discussões do Grupo de Trabalho da Associação Nacional de Pesquisa e Pós-Graduação em Psicologia (Anpepp) intitulado *Trabalho e processos organizativos na contemporaneidade*, ao qual os autores dos capítulos que compõem este volume estão ou estiveram vinculados. Esse grupo se formou em 2006, congregando pesquisadores que já tinham certa afinidade com relação aos estudos do trabalho e que buscavam um espaço formalizado para compartilhar suas ideias.

No decorrer dos anos, as parcerias que já existiam se fortaleceram na escrita de artigos e capítulos de livros em coautoria, no compartilhamento de bancas de defesa de teses, na organização de mesas, grupos de trabalho e simpósios em congressos diversos etc. O grupo também produziu alguns números especiais em revistas científicas[4] com relatos de pesquisas realizadas com o enfoque apresentado aqui, além de ter promovido atividades abertas a outros públicos, como estudantes e trabalhadores.

Apesar de, ao longo dos anos, as apresentações de nossas pesquisas deixarem claro o enfoque adotado, entendemos que era o momento de explicitar que se trata de uma perspectiva que tem características singulares que a demarcam e a diferenciam de outras abordagens da psicologia sobre o trabalho. Assim, concluímos que era necessário produzir um livro com o objetivo de apresentar a PST de forma sistematizada.

Nesse sentido, com a elaboração deste livro, buscamos apresentar as fontes nas quais a PST se apoia, a maneira como se faz pesquisa e intervenção com essa perspectiva, algumas das abordagens teórico-metodológicas adotadas, os tipos de pesquisa e intervenção que fazemos e determinados contextos em que se vem atuan-

4. Foram publicados os seguintes números especiais em periódicos: Psicologia & Sociedade (*19*(esp.), 2007); Cadernos de Psicologia Social do Trabalho (*12*(2), 2009); Arquivos Brasileiros de Psicologia (*63*(esp.), 2009) e Universitas Psychológica (*112*(4), 2013).

do. Foi um longo processo que envolveu diversos autores com o desafio de produzir um livro que se configurasse como conjunto articulado, na forma de um livro-texto, isto é, que tivesse organicidade e não fosse como uma coletânea, com textos justapostos.

A proposta que se busca efetivar aqui é, assim, a de suprir a lacuna de uma produção sistematizada sobre uma leitura do campo do trabalho desde a Psicologia Social em uma vertente crítica, que olha o trabalho pela perspectiva de quem o vivencia no cotidiano, buscando o diálogo com os trabalhadores.

Cada capítulo deste livro é dedicado a um aspecto que entendemos ser importante para a compreensão da PST. Desse modo, no capítulo 2, intitulado "A questão do trabalho no Brasil: uma perspectiva histórica a partir do desenvolvimento industrial", busca-se esclarecer o contexto histórico da implantação do capitalismo no Brasil. Esse panorama do contexto macrossocial no qual o trabalho se desenvolve é importante, já que a PST o toma como pano de fundo para suas análises de situações microssociais.

O capítulo 3 traz algumas "fontes do pensamento e das práticas em Psicologia Social do Trabalho". O principal objetivo buscado foi apresentar as principais influências da PST. Assim, os autores discutem "de onde ela veio, o que a alimentou, quais compromissos construiu ao longo de sua curta história e, finalmente, seu lugar no mundo das ideias e das práticas psicológicas". Para tal, o capítulo retoma o contexto sócio-histórico que propiciou o surgimento da PST; apresenta alguns estudos de psicólogos sociais sobre temáticas do trabalho que exerceram importante influência na PST; destaca os acontecimentos que possibilitaram o surgimento dessa perspectiva e, finalmente, apresenta suas características e sua convergência com o pensamento social crítico latino-americano.

Tendo já apresentado aspectos mais gerais do mundo do trabalho e da configuração da PST, no capítulo 4, intitulado "Algumas ferramentas teóricas para o estudo psicossocial do trabalho: práticas cotidianas, processos de significação e identidades", destacam-se categorias teóricas que têm referenciado muitos de nossos estudos. Como a PST não tem uma filiação teórica metodológica específica, existem inúmeras categorias que podem ser utilizadas para elucidar os enigmas do trabalho, e seria impossível apresentá-las todas. Assim, fizemos uma escolha e optamos por algumas que se mostram como ferramentas particularmente fecundas para a compreensão dos modos como os sujeitos produzem e se constituem em seus cotidianos laborais.

O capítulo 5 intitula-se "Práticas em Psicologia Social do Trabalho: pesquisa e intervenção". Como o título já indica, busca-se introduzir e discutir as práticas de pesquisa e de intervenção que caracterizam a PST. Nesse sentido, o capítulo destaca alguns princípios que guiam a pesquisa e a intervenção em PST – que incluem a relação com os sujeitos da pesquisa ou intervenção, a perspectiva adotada para compreensão do mundo do trabalho e a não separação entre pesquisa e intervenção – e, depois, apresenta exemplos concretos que ajudam a compreender como se caracterizam a pesquisa e a intervenção a partir dessa perspectiva.

Os dois últimos capítulos são dedicados a exemplificar o olhar da PST sobre dois contextos cujos problemas ainda têm sido pouco considerados como questões que dizem respeito a psicólogos. São eles o trabalho rural e o trabalho informal. Devemos lembrar que esses contextos incluem uma parcela significativa da população trabalhadora no Brasil.

Desse modo, o capítulo 6 intitula-se "A Psicologia Social do Trabalho e os trabalhadores das ruralidades", e se propõe a apresentar uma reflexão sobre a complexidade que envolve essa temática. Como se trata de um contexto pouco familiar a grande parte dos psicólogos, o capítulo se inicia com a apresentação de algumas características do rural, das relações e condições de trabalho que se configuram nesse contexto e, também, das formas organizativas dos trabalhadores rurais. Depois, apresenta algumas contribuições de ordem teórica, metodológica e temática para a reflexão sobre a atuação da PST no mundo do trabalho rural.

Finalmente, o capítulo 7 trata das "diferentes faces do trabalho no contexto urbano". Esse capítulo parte de uma constatação da realidade do Brasil: o trabalho regulado e protegido, ou seja, o emprego formal, é apenas uma das faces do trabalho nos centros urbanos. A outra é o que denominamos de trabalho informal. Buscando mostrar a polimorfia que assume o trabalho nos contextos urbanos, são apresentadas diversas nuanças que configuram o cotidiano do trabalho informal em centros urbanos.

Por meio deste livro apresentamos um panorama do nosso trabalho enquanto estudiosos das diversas modalidades de trabalho presentes em nossa sociedade. Dada a complexidade e as múltiplas facetas que caracterizam o nosso tema de estudo, certamente fizemos escolhas ao compor esta obra. De início, afirmamos que nosso propósito foi apresentar a PST tal como a temos construído no Brasil. Fica aqui o convite para a leitura e para outros olhares sobre o trabalho.

Antes de finalizar este capítulo introdutório, cabe reiterar o compromisso da Psicologia Social do Trabalho com os esforços na direção da garantia de direitos e na busca por cidadania. Como mostrado especialmente no capítulo 3, a abertura política e a promulgação da Constituição de 1988 (a Constituição Cidadã) foram marcos importantes que forjaram a identidade da PST. Infelizmente, no momento atual (2017) vivemos um contexto no qual os direitos, a cidadania e a própria democracia estão sob fortes ameaças, reforçando a complexidade e as dificuldades históricas, apontadas por Chauí (2012), para a instituição de uma sociedade verdadeiramente democrática em nosso país.

Entre os direitos sob forte ameaça que atingem os trabalhadores estão as mudanças, propostas ou já efetivadas, na legislação relativa aos direitos trabalhistas e previdenciários. Neste contexto, cabe à PST estar atenta à correlação de forças, às formas de resistência, às implicações das mudanças macrossociais para a vida cotidiana dos trabalhadores e, desde a perspectiva crítica que lhe é peculiar, a dar elementos para potencializar ações coletivas de resistência e de resgate e ampliação de direitos e da cidadania.

Referências

Álvaro, J. L., & Garrido, A. (2006). *Psicologia social: perspectivas psicológicas e sociológicas*. São Paulo: McGraw-Hill.

Antunes, R. (2014). Desenhando a nova morfologia do trabalho no Brasil. *Estudos Avançados, 28*(81), 39-53.

Bernardo, M. H. (2006). *Discurso flexível, trabalho duro: o contraste entre o discurso de gestão empresarial e a vivência dos trabalhadores.* Tese de doutorado. Universidade de São Paulo.

Bernardo, M. H., Oliveira, F., Souza, H. A., & Sousa, C. C. (2017). Linhas paralelas: as distintas aproximações da Psicologia em relação ao trabalho. *Estudos de Psicologia (Campinas), 34*(1), 15-24.

Campos, A. (1981). Psicología del trabajo. *¿Qué es Psicología del Trabajo?* Programa Centroamericano de Ciencias de la Salud [Consejo Superior Universitario Centroamericano]. Guatemala: Confederación Universitaria Centroamericana.

Chauí, M. (2012). Democracia e sociedade autoritária. *Comunicação e informação, 15*(2), 149-161.

Coutinho, M. C. (2000). *Entre o velho e o novo: estratégias de participação no trabalho.* Tese de doutorado. Universidade Estadual de Campinas.

Coutinho, M. C. (2015). Psicologia Social do Trabalho em dois tempos. In: Coutinho, M. C., Furtado, O., & Raitz, T. R. *Psicologia social e trabalho: perspectivas críticas, 3*(15). Florianópolis/SC: Edições do Bosque.

Coutinho, M. C; Oliveira, F., & Sato, L. (2016). Olhar o cotidiano: percursos para uma Psicologia Social do Trabalho. *Psicologia USP, 27*(2), 289-295.

Kuhn, T. S. (1987). *A estrutura das revoluções científicas.* São Paulo: Perspectiva.

Martín-Baró, I. (1989). Psicologia politica del trabajo en America Latina. *Revista de Psicología de El Salvador, 8*(31), 5-25.

Navarro, V. L. (1998). *A produção de calçados de couro em Franca-SP: a reestruturação produtiva e os impactos sobre o trabalho.* Tese de doutorado. Universidade Estadual Paulista Júlio de Mesquita Filho.

Oliveira, F. (2005). *A construção social dos discursos sobre o acidente de trabalho.* Dissertação de mestrado. Universidade de São Paulo, USP.

Patto, M. H. S. (Org.). (2009). *A cidadania negada: políticas públicas e formas de viver.* São Paulo: Casa do Psicólogo.

Pulido-Martinez, H. C., & Sato, L. (2013). ...Y entonces? esto de la crítica qué es? De las relaciones entre la psicologia y el mundo del trabajo. *Universitas Psychologica, 12*(4), 1.355-1.368.

Santos, E. F., Diogo, M. F., & Shucman, L. V. (2014). Entre o não lugar e o protagonismo: articulações teóricas entre trabalho, gênero e raça. *Cadernos de Psicologia Social do Trabalho, 17*(1), 17-32.

Sato, L. (1993). A representação social do trabalho penoso. In: Spink, M. J. (Org.). *O conhecimento no cotidiano – as representações sociais na perspectiva da psicologia social.* São Paulo: Editora Brasiliense, pp. 188-211.

Sato, L. (2003). Psicologia, saúde e trabalho: distintas construções dos objetos "trabalho" e "organizações". In: Trindade, Z. A., & Andrade, A. N. (Orgs.). *Psicologia e Saúde: campos em construção.* São Paulo: Casa do Psicólogo, pp. 167-194.

Spink, P. (1996). A organização como fenômeno psicossocial: notas para uma redefinição da psicologia do trabalho. *Psicologia & Sociedade, 8*(1), 174-192.

Tedesco, J. C. (1999). *Paradigmas do cotidiano – introdução à constituição de um campo de análise social.* Santa Cruz do Sul: Edunisc.

2

A QUESTÃO DO TRABALHO NO BRASIL: UMA PERSPECTIVA HISTÓRICA A PARTIR DO DESENVOLVIMENTO INDUSTRIAL

Vera Lucia Navarro
Universidade de São Paulo

Regina Heloisa Maciel
Universidade de Fortaleza - UNIFOR

Tereza Glaucia Rocha Matos
Universidade de Fortaleza - UNIFOR

Neste capítulo busca-se esclarecer o contexto histórico do desenvolvimento industrial brasileiro, uma vez que a Psicologia Social do Trabalho (PST) possui como pano de fundo esse panorama e muito do que é produzido se baseia nas contradições dos modelos vivenciados nos diferentes períodos da implantação do capitalismo no contexto brasileiro. Essa visão se articula com o capítulo anterior no qual é apresentada a perspectiva que a PST se utiliza na produção de seus conhecimentos e atuação. O capítulo se articula também com o capítulo 6, no qual são explicadas as transformações do trabalho no âmbito rural.

Introdução – características da industrialização brasileira: periférica, tardia e subordinada

O Brasil, com suas dimensões continentais e sua história de colonização, apresenta cenários variados no que se refere ao desenvolvimento do capitalismo e sua inserção na economia mundial. O país abriga bolsões de grande desenvolvimento com economia fortalecida, ao lado de regiões onde a pobreza e modos de produção rudimentares são predominantes. Para entendermos o Brasil contemporâneo, no que diz respeito ao mundo do trabalho e dos trabalhadores, é necessário fazer uma retomada histórica, ainda que breve, para mostrar as características do desenvolvimento do capitalismo no país e como mudanças no processo produtivo, na economia e na política ao longo da história, repercutiram na classe trabalhadora.

Pensadores de variadas perspectivas teóricas estudaram a sociedade brasileira e deixaram legado importante para o conhecimento de sua estrutura e funcionamento. Não é possível retomarmos toda a produção acadêmica sobre a realidade nacional. No entanto, alguns aspectos do pensamento social brasileiro que permitem caracterizar o desenvolvimento industrial capitalista no país – e como ele repercute sobre a classe trabalhadora ao longo de nossa história – devem ser destacados para que possamos analisar nossa sociedade numa perspectiva histórica e crítica. Esse é o objetivo deste capítulo, que serve de pano de fundo para as outras questões abordadas neste livro[5].

É importante lembrar que o processo de industrialização no Brasil ocorreu de forma distinta dos processos de industrialização dos países-berço do capitalismo, como Inglaterra e França, Holanda (onde se originou a economia de capital)[6] e, mais adiante, de países como Alemanha, Japão, Estados Unidos e Itália, por exemplo. Nos países da América Latina a introdução desse processo sempre veio a reboque dos países europeus e da América do Norte.

---

5. Muitos e importantes foram os autores que contribuíram para o conhecimento da história social brasileira. Não é possível aqui fazer menção a todos eles, mas gostaríamos de deixar assinalado que a interpretação de como se deu o desenvolvimento das forças produtivas no Brasil é marcada por posições divergentes. O debate sobre se houve ou não feudalismo no Brasil é uma delas. A esse respeito consulte as obras de Caio Prado Jr. e Nelson Werneck Sodré (Prado Jr., 1970, 1997, Sodré, 1984, 2002).

6. Cf. Strathern, P. (2003). *Breve história da economia*. Rio de Janeiro: Jorge Zahar Editor.

A Inglaterra e a França chegaram ao capitalismo pela "via clássica", que pressupõe a passagem e desenvolvimento gradual de diferentes etapas e a ruptura com a formação social anterior, o feudalismo. A Inglaterra, por exemplo, já na segunda metade do século XVIII, tinha feito sua revolução industrial e consolidado o sistema capitalista[7]. Enquanto isso, a Alemanha e a Itália, países de industrialização tardia, somente conseguiram esse feito na segunda metade do século XIX.

Portanto, se a Inglaterra e a França são exemplos de processos clássicos de industrialização que se deram a partir da ruptura com o feudalismo, a particularidade do desenvolvimento capitalista em países como a Alemanha e a Itália é dada tanto pelo seu caráter tardio quanto pelo fato de não ter tido rupturas com as formas antigas de organização da vida social. No caso alemão, conhecido como "via prussiana", parte-se do feudalismo com reformas, não com revolução. Ali, chegou-se ao capitalismo conciliando o novo com o velho.

O Brasil, de acordo com Chasin (2000), pode ser considerado um caso de desenvolvimento capitalista hipertardio de caráter retardatário e conciliador como foi o alemão. Pois além de o capitalismo ter aqui se desenvolvido tardiamente em relação aos países capitalistas centrais, ele se deu de forma subordinada e dependente da economia internacional. Chasin (2000) denominou o modo particular de se constituir e de ser do capitalismo brasileiro de *via colonial* e destacou o papel da burguesia agrária brasileira, que não se interessava pelo "novo", o que implicou a constituição de um capital atrófico, consolidando a burguesia nacional de forma dependente e submissa às demandas externas[8]. Essas particulari-

---

7. O capitalismo tem como característica principal a produção baseada em máquinas e equipamentos (meios de produção) pertencentes a uma classe social específica (capitalistas) e uma massa de trabalhadores que são obrigados a se utilizar desses meios de produção para obterem seu sustento, vendendo o seu tempo e seu esforço ao capitalista em troca do chamado salário. Essa mudança radical na forma de organização social do trabalho levou algum tempo para se consolidar.

8. "[...] enquanto a industrialização alemã é das últimas décadas do século XIX, e atinge, no processo, a partir de certo momento, grande velocidade

dades do desenvolvimento capitalista no Brasil trouxeram consequências que perduram até a contemporaneidade, em especial no que tange à exploração da força de trabalho. Ao longo da história do desenvolvimento capitalista no país observa-se a coexistência de relações de trabalho assalariado (relações de trabalho especificamente capitalistas) com técnicas e relações de produção consideradas arcaicas, como a parceria, a meação (no trabalho rural) e o trabalho domiciliar, que se encontra em expansão na atualidade.

O fato de o desenvolvimento industrial capitalista brasileiro ter ocorrido tardiamente em relação aos países capitalistas centrais, em uma fase histórica na qual aqueles países já haviam concluído sua industrialização, já sendo acirrada a concorrência intercapitalista, tendo alguns países alcançado estágios de monopólios poderosos e internacionalizados, irá tornar o nosso país cada vez mais dependente. Decorre dessa forma de objetivação do capitalismo no país uma "série de marcas novas e desfavoráveis", tais como:

> [...] a presença de empresas estrangeiras nos setores mais dinâmicos da economia; o desenvolvimento insuficiente da indústria de bens produtivos e da criação local de tecnologia; o caráter monopolista estatal de seu capital; tendências para o desemprego e subemprego da força de trabalho; desigualdades sociais e regionais mais acentuadas; e, como produto final desses traços, sua instabilidade econômica maior, com crises cíclicas mais constantes e profundas pela conjugação dos fatores internos aos internacionais (Pereira, 1984, p. 458).

Ainda segundo Pereira (1984, p. 458), o Brasil "é um caso paradigmático desse tipo de industrialização tardia, periférica, e por isso restringida".

---

de expressão, a ponto de a Alemanha alcançar a configuração imperialista, no Brasil a industrialização principia a se realizar efetivamente mais tarde, já num momento avançado da época das guerras imperialistas, e sem nunca, com isto, romper sua condição de país subordinado aos polos hegemônicos da economia internacional. De sorte que o 'verdadeiro capitalismo' alemão é tardio, enquanto o brasileiro é hipertardio" (Chasin, 2000, p. 45).

Durante o período colonial a atividade econômica brasileira esteve centrada na produção de gêneros agrícolas voltados para a exportação e na extração de metais preciosos. Esse período é marcado por três ciclos de produção: da cana-de-açúcar, do ouro e do café. Tal produção, por ser realizada com base no latifúndio e na exploração do trabalho escravo, ainda que se revestisse de caráter mercantil, não era ainda propriamente capitalista. Assim, até meados do século XX predominou no Brasil a produção agrícola voltada para a exportação, além de relações de trabalho que, se não são mais escravas, não podem ainda ser consideradas especificamente capitalistas.

Essa situação perdurou até a década de 1950, sendo a economia brasileira dominada pelo setor primário da economia tanto no que se refere à produção quanto à geração de empregos. Foi a partir da segunda metade desta década que o país passou a ser considerado industrializado.

As fases da industrialização no Brasil

O processo de industrialização brasileiro pode ser dividido em três períodos básicos: o primeiro, que se estende da última década do século XIX a meados dos anos de 1930; o segundo, de então até a metade dos anos de 1950; e, finalmente, as décadas de 1960, 1970 e 1980 (Pereira, 1984).

Até os anos de 1930, observou-se a criação e a expansão de ramos industriais baseados na produção de bens de consumo não duráveis, como alimentos, bebidas, calçados, tecidos e produção de móveis, dentre outros, cujos processos produtivos não requeriam grandes investimentos em tecnologia, o que possibilitava que fossem explorados pelo capital nacional. Nessa fase de implantação do capitalismo brasileiro houve grande influência da vinda de estrangeiros para o Brasil, principalmente de italianos para o sudeste do país. Em São Paulo, esses operários iniciaram movimentos por salários e melhores condições de trabalho e foram violentamente atacados pela burguesia com a ajuda da polícia da época. Apesar disso, o movimento produziu reações do governo que levaram, entre outras ações, à fundação do Ministério do Trabalho em 1930[9].

Em meados dos anos de 1930 a 1950 a industrialização brasileira passa da fase de produção de bens de consumo não duráveis para a de produção de bens de produção. Essa fase é marcada pelo investimento estatal em obras de infraestrutura, como ferrovias e rodovias de grande porte, usinas hidrelétricas, investimentos na produção de insumos básicos para a indústria, como aço, barrilha, soda cáustica, e culminou na criação da Petrobras no início dos anos de 1950. Entre os investimentos em infraestrutura realizados no governo de Getúlio Vargas destacam-se a criação da Companhia Siderúrgica Nacional em 1940, a Vale do Rio Doce em 1942 e a Hidrelétrica do Vale do São Francisco em 1945.

Cabe destacar também, neste período, a criação da Justiça do Trabalho e da Consolidação das Leis do Trabalho (CLT) pelo Decreto-lei n. 5.452 de 1º de maio de 1943, sancionadas pelo presidente Getúlio Vargas.

Em meados da década de 1950, a industrialização brasileira passou por uma virada decisiva, caracterizada pela produção de bens de consumo duráveis e mais sofisticados e pela entrada maciça de capital estrangeiro. O Plano de Metas de Juscelino Kubitschek (1956-1961), baseado na substituição das importações, previa investimentos em setores industriais. O plano não se referia apenas a uma nova etapa da industrialização brasileira, mas sim a

---

9. Essa história pode ser vista no site do Ministério do Trabalho e Emprego [Disponível em http://www2.mte.gov.br/institucional/historia.asp]. Em 1912, foi constituída a Confederação Brasileira do Trabalho – CBT, durante o quarto Congresso Operário Brasileiro, incumbida de promover um programa de reivindicações operárias: jornada de oito horas, semana de seis dias, construção de casas para operários, indenização para acidentes de trabalho, limitação da jornada de trabalho para mulheres e menores de quatorze anos, contratos coletivos, ao invés de contratos individuais, seguro obrigatório para os casos de doença, pensão para velhice, fixação de salário-mínimo, reforma dos impostos públicos e obrigatoriedade da instrução primária. Em 1918 foi criado o Departamento Nacional do Trabalho, transformado em 1923 em Conselho Nacional do Trabalho. Em 1930 foi criado o Ministério do Trabalho, Indústria e Comércio.

uma reorientação desse processo. A industrialização brasileira até então estava centrada em empresas nacionais, privadas e públicas, e no setor de bens de consumo não duráveis. É nessa fase que o setor industrial passa a ser mais importante que o setor agrícola e adquire características inteiramente novas que se aprofundam durante os governos militares (1964-1985). Segundo Pereira (1984), a industrialização clássica é alterada no Brasil. Trata-se de uma industrialização forçada, com a entrada maciça de capitais externos e a expansão das indústrias de bens de consumo duráveis. O Brasil não vivenciou a passagem gradativa – como ocorreu nos países de capitalismo avançado – da produção de bens de consumo de uso difundido e popular, como tecidos e alimentos, passando pela fabricação de bens intermediários e bens de capital e, posteriormente, para a fabricação de bens de consumo duráveis e bens de capital tecnologicamente refinados. Em lugar disso, na sua industrialização periférica e tardia, o Brasil "adota imediatamente produtos e processos avançados e transplanta, do exterior, uma tecnologia voltada para poupar mão de obra" (Pereira, 1984, p. 462). É nessa fase que o Brasil adquire suas duas faces: um país que produz bens sofisticados e, ao mesmo tempo, mantém a maioria de sua população privada de bens elementares e essenciais. As duas faces produzem também grandes desigualdades sociais, marginalizando parcelas crescentes da força de trabalho, com altas taxas de desemprego e subemprego e a tendência a pagar salários baixos.

Dessa forma, o processo de industrialização brasileiro, caracterizado como tardio e subordinado em relação aos países de capitalismo avançado, "ao invés de reforçar a soberania, aprofundou a dependência. Em vez de atenuar, agravou de forma dramática os problemas sociais já crônicos do país" (Pereira, 1984, p. 462).

Ditadura militar: a economia vai bem, mas o povo vai mal

Durante a ditadura militar foi registrado um excepcional crescimento na economia, especialmente durante o "milagre econômico", que ocorreu entre 1969 e 1973. No governo do General Emílio Garrastazu Médici (1969-1974) o Brasil chegou à oitava posição na economia mundial. No entanto, tal crescimento foi baseado na grande indústria, no grande capital internacional e no nacional a ele subordinado, e se deu por meio de um arrocho salarial sem precedentes, que só foi possível graças a políticas de endividamento do país e à intensificação de uma economia voltada para o mercado externo. É creditada ao General Médici a frase "A economia vai bem, mas o povo vai mal". Tal frase é reveladora de que o crescimento econômico neste período se deu em detrimento da classe trabalhadora.

Durante o "milagre econômico", os investimentos feitos na tentativa de fortalecer o desenvolvimento industrial e o crescimento econômico ocorreram às custas da limitação das liberdades individuais, principalmente as dos trabalhadores e seus sindicatos. Observou-se, por um lado, a euforia da classe média, que teve ampliado seu poder aquisitivo naquele momento e, por outro, a situação de miséria de grande parcela da população não atingida pelo "milagre". Foi um período de grande concentração de renda, de terras, de endividamento externo, de arrocho salarial, de controle e desmonte dos sindicatos, de prisões, de tortura, de morte e sumiço de lideranças políticas e de outros que se opuseram ao golpe militar.

O crescimento da economia registrado naquele período ocorreu acompanhado do trabalho sob condições inseguras, o que transformou o Brasil da época em campeão mundial de acidentes. Em 1972 a Organização Internacional do Trabalho (OIT) divulgou estatísticas que colocaram o Brasil em posição de "destaque", o que é importante para entender que a economia podia estar indo bem, mas o povo, os trabalhadores, estavam indo mal. Em resumo, o processo de industrialização ia bem à custa da saúde, da integridade física e das vidas dos trabalhadores.

A alcunha de "campeão mundial de acidentes de trabalho" levou alguns países a pressionarem o Brasil, nas conferências da OIT, a legislar sobre a segurança e saúde dos trabalhadores. Em resposta a isso, em plena ditadura militar, é sancionada a lei que cria as Normas Regulamentadoras do Trabalho e outros dispositivos de fiscalização das condições de trabalho, com vistas à diminuição dos acidentes e doenças ocupacionais. Em 1978 foi publicada a Portaria 3.214 (Brasil, 1978), que regulamentava aspectos de segurança e saúde no trabalho já contidos na CLT e nos marcos da Medicina do Trabalho e da Saúde Ocupacional. Foi só no início da década de 1980 que os movimentos dos trabalhadores começaram a se apropriar tanto da Portaria quanto deste tema e, com o fim da ditadura militar, os sindicatos podem então se manifestar, ainda que timidamente e de forma relativa.

1980: a década perdida para a economia e os movimentos sociais em efervescência

A década de 1980 foi marcada pelo fim da ditadura militar e pela redemocratização do país. No âmbito da economia ela fica conhecida como a "década perdida", marcada por perdas econômicas advindas das baixas no Produto Interno Bruto (PIB), da aceleração da inflação, baixa produção industrial, perda do poder de compra dos salários e de uma diminuição no nível de empregos. Em média, o crescimento do PIB brasileiro na década de 1970 foi de 7% e caiu, nos anos de 1980, para 2%. Nesse período foi também observada a elevação do déficit público gerado pelo aprofundamento da dívida externa, o que resultou, no final dos anos de 1980, em hiperinflação.

Os anos de 1980 foram de crise para a indústria nacional, que registrou constantes taxas de crescimento negativo, principalmente nos setores produtores de bens de capital e de bens de consumo duráveis. De acordo com Negri (1996, p. 154), nesse período, a indústria brasileira teve desempenho "sofrível", principalmente em função das políticas de ajustes macroeconômicos e da inflação crônica. A indústria pouco se modificou, mas houve "aumento dos setores que conseguiram conquistar mercados internacionais para seus produtos, como a agroindústria, siderurgia, calçados etc."

No âmbito político e social, a década de 1980 foi marcada de diversas formas: pelo fim da ditadura, pela redemocratização e intensa mobilização popular, pela volta das eleições diretas (Movimento Diretas Já), pela mobilização nacional em torno da Assembleia Nacional Constituinte, elaboração e aprovação da Constituição em 1988, chamada de Constituição Cidadã (uma vez que foi elaborada de forma mais democrática que as constituições anteriores), pelo movimento em prol da Anistia, pelo Movimento Contra a Carestia, pela atuação das Comunidades Eclesiais de Base, pelo Novo Sindicalismo, pela criação de novos partidos e centrais sindicais, como a Central Única dos Trabalhadores (CUT), pela criação do Partido dos Trabalhadores e legalização de partidos, pelo surgimento do Movimento dos Trabalhadores Sem Terra (MST) e de outros movimentos sociais e pela realização de cinco greves gerais entre 1983 e 1989. As greves dessa época foram lideradas pelos sindicatos e associações do ABC paulista e marcam a volta do sindicalismo à cena política nacional, culminando com a formação da CUT.

Embora o Ministério do Trabalho, durante o período militar, tenha criado a Fundacentro (atualmente, Fundação Jorge Duprat Figueiredo de Higiene e Segurança do Trabalho) em 1971, voltada para estudos, pesquisas e treinamentos sobre as condições de trabalho, é apenas após as greves desse período que se começa a discutir mais seriamente no Brasil as questões relativas às condições de trabalho com a participação ativa dos sindicatos e centrais sindicais.

1990: a década neoliberal e a reestruturação produtiva

A década de 1990 é marcada pelas reformas de cunho neoliberal adotadas no país. Abertura comercial, desregulação do mercado financeiro, privatizações, informalização do mercado de trabalho, reestruturação produtiva, terceirização e precarização do trabalho fazem parte deste novo cenário. O Brasil foi o último país da América Latina a implementar um projeto neoliberal. Embora não tivesse um projeto neoliberal prévio e acabado para ser implantado, as ideias neoliberais foram sendo paulatinamente agregadas aos planos econômicos e trabalhistas (Filgueiras, 2006). As dificuldades de implantação desse modelo no Brasil deveram-se, de um lado, ao problema de consolidar os distintos interesses das diversas frações do capital até então presentes no moribundo Modelo de Substituição de Importações (MSI) e, de outro, à intensa atividade política desenvolvida pelas classes trabalhadoras na década de 1980.

Nos anos de 1990 o liberalismo, segundo Filgueiras (2006), implanta-se no Brasil, a partir do Governo Collor. O discurso liberal radical combinado com a abertura da economia e o processo de privatizações dá início à "Era Liberal" no Brasil. Apesar da existência de algumas iniciativas e de uma forte propaganda nos meios de comunicação de massa, o liberalismo sofria resistência dos movimentos sociais e do movimento sindical. A Constituição de 1988 foi a expressão maior dessa resistência ao liberalismo. Mais tarde, os governos Collor e Fernando Henrique Cardoso (FHC) reposicionaram o projeto liberal na cena brasileira.

> Esse processo, que culminou com a afirmação do projeto político neoliberal e a construção de um novo modelo econômico, redefiniu as relações políticas entre as classes e frações de classes que constituíam a sociedade brasileira. A vitória desse projeto expressou, ao mesmo tempo em que estimulou, um processo de transnacionalização dos grandes grupos econômicos nacionais e seu fortalecimento no interior do bloco dominante, além de exprimir, também, a fragilidade financeira do Estado e a subordinação crescente da economia brasileira aos fluxos internacionais de capitais. Em particular, reconfigurou o bloco dominante e a sua fração de classe hegemônica, com destaque para a consolidação dos grandes grupos econômicos nacionais, produtivos e financeiros (Filgueiras, 2006, p. 183).

No centro do modelo neoliberal encontra-se a reestruturação produtiva, que é um conceito multifacetado. Inicialmente, o processo se relaciona com o desenvolvimento e a introdução de novas tecnologias nos processos industriais com o advento principalmente da microeletrônica e de suas aplicações. A entrada dos computadores, máquinas computadorizadas e de robôs nos processos produtivos promoveu muito mais do que uma troca de equipamentos, constituindo-se o princípio de uma série de mudanças que passam pela extinção de postos de trabalho e por transformações radicais na forma de trabalhar e nas relações sociais no trabalho. O novo aparato tecnológico tomou conta de diferentes setores econômicos e sociais modificando e transformando as comunicações e os processos de trabalho, e acabou modificando, também, o modo de viver e consumir das populações. "O que caracteriza o mundo do trabalho no fim do século XX, quando se anuncia o século XXI, é que este tornou-se realmente global. Na mesma escala em que ocorre a globalização do capitalismo, verifica-se a globalização do mundo do trabalho" (Ianni, 1994, p. 2).

O desenvolvimento tecnológico propiciou e aprofundou a globalização, que significa uma mudança radical nas trocas econômicas, permitindo ao capital viajar livremente entre os países. A globalização é, portanto, um "movimento" de caráter estrutural do capitalismo, no qual as principais tendências neoliberais são levadas às últimas consequências e se desenvolvem no seu limite máximo. Caracteriza-se pela radicalização dos processos de concentração e centralização de capitais (crescimento dos oligopólios; intensificação das fusões e incorporações de empresas) e pela difusão de micro, pequenas e médias empresas, com a formação de redes de subcontratação – terceirização (Borsoi, 2011).

Acompanhando a globalização e a introdução de novas tecnologias de base microeletrônica, com utilização massiva de computadores e seus derivados, há a introdução de novas formas de gerir o trabalho, com origem no Japão, que se consolidam no chamado modelo japonês ou toyotismo[10]. Essa nova gestão da produção e do trabalho possui, dentre seus objetivos, redução de custos, maior produtividade e competitividade. Destaca-se como forma de obtenção desses objetivos a flexibilização do trabalho, em suas mais variadas formas, enquanto base de sustentação e ajuste às novas exigências do mercado. Para essa nova forma de gestão é necessário buscar a hegemonia no interior da empresa, cooptando o trabalhador para objetivos e metas de produção, incluindo aí a ideia de "captura" da subjetividade dos trabalhadores. No entanto, essa busca de hegemonia combina-se com uma gestão despóti-

10. Para maior compreensão do "modelo japonês", cf. Hirata e Zarifian (1991). Esses autores chamam a atenção para a importância de entender o modelo japonês de organização e relações industriais no contexto em que foi produzido e a que realidade atendia. "[...] existe um risco, o do modelo japonês ser visto de forma truncada: um conjunto de receitas, na verdade, de princípios de administração, totalmente isolados do seu contexto, de sua história e das contradições sociais no cerne das quais foram gerados" (Hirata & Zarifian, 1991, p. 173).

ca, pois se associam a ela a ameaça e a prática do desemprego e da terceirização, que têm implicado uma crescente precarização do trabalho. No Brasil, como de costume, a introdução dessas novas formas de gestão vem a reboque dos países mais industrializados e com características ambíguas, visto que se tenta combinar a participação dos trabalhadores, até certo ponto o cerne do modelo, com um estilo mais despótico de tratar a força de trabalho.

No plano social, os resultados mais visíveis dessa fase histórica do capitalismo são: a globalização do desemprego, a globalização da exclusão social, a globalização de formas precárias de trabalho e de precarização da vida. Assim, a reestruturação produtiva concretiza nos processos de trabalho as necessidades da globalização. A fim de obter altos ganhos de produtividade para competir num mercado globalizado, controlado por grandes conglomerados transnacionais, é necessário "flexibilizar". Os efeitos perversos desses processos se expressam, no mundo inteiro, pelo aumento do desemprego estrutural, pela precarização do trabalho e do emprego e pela fragmentação dos coletivos de trabalhadores com um processo crescente de individualização e informalização do trabalho (Borsoi, 2011).

A reestruturação produtiva modificou profundamente a estrutura produtiva dos países capitalistas avançados e, em níveis diferenciados, a dos países de desenvolvimento capitalista tardio, como o Brasil, ao incorporar, de forma crescente, a microeletrônica, a informática, a telemática e a robótica, e ao adotar um novo e complexo conjunto de inovações organizacionais. Os efeitos deste processo se fizeram sentir na organização das empresas, nos métodos de produção, no mercado de trabalho, na divisão do trabalho, nas relações de trabalho, nos sindicatos e nas políticas industriais e financeiras dos governos.

Cabe lembrar que tal processo é uma resposta do capital à sua crise estrutural[11], que emergiu em meados da década de 1970, e objetiva a recomposição das taxas de lucro e o aumento do contro-

---

11. Um dos autores que tem discutido sistematicamente desde os anos de 1960 a crise estrutural do capital é István Mészáros. Em várias de suas obras essa discussão é central. Para este autor a queda da taxa de lucro e o

le sobre o processo de produção e sobre os trabalhadores. Essa crise experimentada pelo capital tem acarretado, entre tantas consequências, profundas mutações no interior do mundo do trabalho, tais como o desemprego estrutural e a precarização do trabalho (Antunes, 1995).

Com a reestruturação produtiva, as mudanças no aparato produtivo e na organização do trabalho afetaram a classe trabalhadora mundial de maneira geral e apresentaram especificidades de acordo com a situação do país, das regiões de cada país, dos diferentes setores da economia e mesmo em relação às empresas de um determinado setor. Tanto nos países ricos quanto naqueles da periferia do capital observa-se a tendência à precarização do trabalho, que se manifesta no aumento da informalidade do trabalho (como visto no primeiro capítulo deste livro), em contratos precários, subcontratação, trabalho a domicílio, aumento desmedido da jornada de trabalho e exploração do trabalho infantil, dentre outros[12]. No interior das empresas – tanto as voltadas à produção de bens de consumo quanto aquelas que desenvolvem atividades de prestação de serviços – o que se observou e tem se observado a partir da adoção das "novas" práticas de organização do trabalho é o aumento do ritmo, da intensidade, das horas trabalhadas, da pressão e do controle sobre o trabalhador. Esse quadro repercute negativamente nas condições laborais, no tempo livre, nas con-

---

início da reestruturação produtiva na década de 1970 já apontavam para mudanças no sistema capitalista (Mészáros, 2011).

12. Podemos citar como exemplo o caso da indústria de calçados de Franca/SP, que, a partir da década de 1990, acompanhando a tendência percebida em outros ramos industriais, acirrou seu processo de reestruturação produtiva. Em Franca, tal processo, que tinha por finalidade incrementar a competitividade dos produtos mediante a redução dos custos, melhorar a qualidade e aumentar a produtividade, implicou mudanças tanto de ordem tecnológica quanto de ordem organizacional. A partir daí passou a ser crescente a transferência da produção para fora das fábricas via terceirização. Resulta desse processo a eliminação de postos de trabalho, a intensificação do ritmo de trabalho, a sobrecarga e uma maior precariedade das condições e relações de trabalho. É crescente também a expansão do trabalho a domicílio, precarizando o trabalho, com fortes repercussões na saúde dos trabalhadores (Navarro, 2006).

dições de vida e, consequentemente, na saúde dos trabalhadores (Navarro & Padilha, 2007).

Aprofundando ainda mais essa tendência, trabalhadores antes formalmente empregados estão sendo incitados a formar cooperativas de trabalho ou a trabalhar por conta própria em uma situação na qual a negociação dos "produtos" é extremamente difícil e pautada pelos preços oferecidos pelas grandes corporações. Essa forma de trabalho acaba levando à desproteção social e à vulnerabilidade do trabalhador.

O momento atual

A questão da centralidade do trabalho

A questão do trabalho, a partir da década de 1990, passa a ser uma questão explosiva, candente, que ocupa cotidianamente as páginas de jornais, revistas e outros meios de comunicação no mundo todo, o que colocou em xeque as teses sobre o fim do proletariado, do trabalho ou da centralidade dessa categoria de análise. Essa discussão surge, sobretudo, das mudanças no mundo do trabalho explicitadas acima, dentre elas a de que se necessita menos do trabalhador na medida em que este vem sendo substituído pelas máquinas para produzir o que se precisa para sobreviver.

Para Antunes (1995), o trabalho continua central e a atual conjuntura demonstra não o fim do trabalho, da classe trabalhadora, mas a sua nova conformação. Trata-se de uma classe trabalhadora mais heterogênea, mais fragmentada, mais precarizada, que compreende o operariado industrial, o trabalhador rural assalariado, os assalariados de serviços, como, por exemplo, a operadora que trabalha no telemarketing, os homens e mulheres que trabalham nos supermercados, essa massa de pessoas que trabalham nos bancos.

> A classe trabalhadora no século XXI, em plena era da globalização, é mais fragmentada, mais heterogênea e ainda mais diversificada. Pode-se constatar, neste processo, uma perda significativa de direitos e de sentidos,

> em sintonia com o caráter destrutivo do capital vigente. O sistema de metabolismo, sob controle do capital, tornou o trabalho ainda mais precarizado, por meio das formas de subemprego, desemprego, intensificando os níveis de exploração para aqueles que trabalham (Antunes & Alves, 2004, p. 346).

Ainda:

> Diferentes categorias de trabalhadores vivenciam um cotidiano laboral marcado pela intensificação e precarização de suas atividades, que resultam em maior desgaste físico e mental, no incremento da probabilidade de acidentes causadores de incapacidade, na diminuição ou ausência de contratos formalizados de emprego, no aumento do trabalho a domicílio, subcontratado e terceirizado. Tudo se passa como se o capitalismo experimentasse uma longa regressão, dando um imenso salto para trás: a volta ao "putting out", o trabalho a domicílio, uma das formas mais cruéis da acumulação primitiva (Oliveira, 1994).

Se a reestruturação produtiva por um lado levou ao aumento de produtividade e à melhoria da qualidade dos produtos, por outro trouxe consequências drásticas aos trabalhadores no tocante tanto às condições de trabalho quanto às relações e direitos trabalhistas. Não apenas a falta de emprego é preocupante, mas também a qualidade dos empregos que são oferecidos no mercado de trabalho. Nos anos de 1990 foi crescente o desenvolvimento da precariedade, da informalidade do trabalho e da vulnerabilidade dos trabalhadores tanto nos países do Norte como nos países do Sul. No Brasil, verifica-se o aumento dos trabalhadores informais em trabalhos extremamente precários, como a catação de materiais recicláveis (Sato, Bosco & Maciel, 2014).

Hirata (2001, p. 143) destaca como os efeitos da globalização afetaram de forma desigual os empregos masculino e feminino. O emprego masculino regrediu ou estagnou na maioria dos países; por outro lado, como efeito direto da globalização, principalmente a liberalização do comércio e a intensificação da concorrência internacional, houve um aumento do emprego e do trabalho remunerado das mulheres. Essa participação das mulheres aumentou em todos os setores do mercado de trabalho, mas traduz-se principalmente em empregos precários e vulneráveis. Esse é um dos "paradoxos" da globalização: um aumento do emprego remunerado acompanhado de precarização e vulnerabilidade. As desigualdades de salários, de condições de trabalho e de saúde não diminuíram, e a divisão do trabalho doméstico não se modificou substancialmente, embora haja um maior envolvimento nas responsabilidades profissionais por parte das mulheres. A autora afirma ainda que uma das mais importantes consequências desse aumento, precarização e vulnerabilidade do trabalho feminino consiste em que esse regime pode ser o futuro do emprego assalariado de homens e mulheres: as mulheres podem estar sendo um espaço de experimentação para "o desmantelamento das normas de emprego predominantes". As mulheres podem servir como sujeitos dessas experimentações porque são menos protegidas e mais vulneráveis. Dessa forma, o cenário mais provável é o aparecimento de dois grupos de empregados femininos e masculinos: um estabilizado e o outro precarizado.

Assim, foram marcantes as transformações ocorridas no mundo do trabalho na virada do século XX para o XXI e, apesar de todo o desenvolvimento científico e tecnológico e de todas as importantes inovações operadas na base técnica dos processos produtivos, houve pouco alívio na labuta humana. O avanço tecnológico proporcionou a elevação sem precedentes nos índices de produtividade, mas as jornadas de trabalho continuam longas e a intensificação do ritmo de trabalho tem sido uma constante. A incorporação do discurso empresarial pautado em qualidade total, maior produtividade, maior eficiência, enriquecimento das tarefas, trabalho em times e referência ao trabalhador enquanto colaborador da empresa resultou em degradação e precarização do trabalho, maior pressão, mais desgaste e aumento do adoecimento dos trabalhadores. Em realidade, tais mudanças no conjunto da economia e da sociedade, resultantes do processo de reestruturação produtiva, acabaram por intensificar a exploração da força de trabalho e precarizar o emprego. Nessa conjuntura, pode-se observar uma contradição marcante: enquanto parte significativa da classe trabalhadora é penalizada com a falta de trabalho, outros sofrem com seu excesso. Além da precarização das condições de trabalho, da informalização do emprego e do recuo da ação sindical, crescem, em variadas atividades, os problemas de saúde tanto físicos quanto psíquicos relacionados ao trabalho (Navarro & Padilha, 2007).

A reestruturação produtiva e as consequências para a saúde dos trabalhadores

O processo de reestruturação produtiva no Brasil, fundado em formas flexíveis de organização da produção e do trabalho, se intensificou a partir da década de 1990, e teve como um dos seus pilares a terceirização como forma de barateamento de custos, o que representou um agravamento da precarização das relações e das condições de trabalho, com graves consequências para a saúde dos trabalhadores.

Segundo Ianni (1996), o modelo flexível de organização da produção modifica as condições sociais e técnicas da organização do trabalho. Ao tornar o trabalhador flexível, polivalente, ele abre perspectivas de mobilidade social vertical e horizontal, mas intensifica a "tecnificação" da força produtiva do trabalho, "potenciando-a". O objetivo é obrigar o trabalhador "a ajustar-se às novas exigências da produção de mercadoria e excedente, lucro ou mais-valia". "A flexibilização do trabalho e do trabalhador é um novo padrão de racionalidade do processo de reprodução ampliada do capital, lançado em escala global" (Ianni, 1996, p. 104).

No Brasil, um traço comum do processo de reestruturação produtiva a todos os setores da economia foi a intensificação do ritmo de trabalho. Mesmo naqueles setores que pouco investiram em novas tecnologias.

Essas mudanças que intensificaram, precarizaram, terceirizaram o trabalho e tornaram os trabalhadores mais vulneráveis fazem com que permaneça e se intensifique também o processo de sucateamento da força de trabalho no país, colaborando para adoecimento, acidentes e mortes de trabalhadores.

Se na fase em que o Brasil recebeu a alcunha de campeão mundial de acidentes de trabalho (início dos anos de 1970)[13] o que predominava eram os acidentes típicos, as amputações de dedos, mãos, braços etc., eventos de fácil comprovação do nexo causal, hoje os problemas de saúde provocados pelo trabalho são menos visíveis, mais difíceis de comprovar como relacionados ao trabalho.

Os adoecimentos de ordem psíquica têm crescido muito e chegam a ser hoje a terceira maior causa de afastamentos do trabalho pelo Instituto Nacional da Seguridade Social (INSS) (Previdência em questão, 2012). Embora os afastamentos do trabalho por transtornos mentais venham aumentando nos últimos anos, sua ligação com o trabalho traz à luz discussões conceituais quanto ao tipo de relação – se pontual ou processual –, mas não há dúvidas quanto às suas ligações com o trabalho (Jacques, 2003).

O desemprego provocado pela reestruturação produtiva teve consequências palpáveis para o setor industrial. A primeira consequência tem que ver com o decréscimo do emprego industrial e o aumento do emprego no setor terciário (serviços). Com essa transferência, parece ter havido um decréscimo dos acidentes de trabalho, uma vez que a probabilidade de ocorrência de acidentes nas indústrias foi sempre maior do que no setor de serviços (Wünsch, 2004). Em segundo lugar, a transformação do trabalho nas indústrias levou a um aumento da pressão por produção e a uma carga de trabalho maior para aqueles que permanecem empregados no setor. Embora a carga física do trabalho tenha diminuído em função da introdução das novas tecnologias, a carga "psicológica" ou "emocional" aumentou, levando aos chamados transtornos psíquicos relacionados ao trabalho. O aumento de produtividade se

---

13. O Brasil ocupa o quarto lugar no mundo em acidentes de trabalho, de acordo com a Organização Internacional do Trabalho (OIT), ficando atrás apenas de China, Índia e Indonésia. No entanto, os dados estatísticos sobre acidentes de trabalho devem ser vistos com cautela, pois a subnotificação ainda é grande. Muitos países não possuem estatísticas confiáveis sobre os acidentes e doenças ocupacionais, e nem sempre as definições e metodologias com as quais os números são obtidos se coadunam (Cavalcante et al., 2015, Fundacentro, 2000).

deve à transformação do controle sobre o trabalho, agora sob a ditadura do "metismo" (trabalho orientado pelo cumprimento de metas de produção). Os transtornos mentais atingem também os trabalhadores do setor de serviços, uma vez que a pressão pela produção segue as mesmas tendências. Esse mesmo processo vai agora em direção à agricultura, transformando o trabalho agrícola e adequando-o à nova ordem do capital. Por fim, vem modificando também os serviços públicos, antes tomados como processos não capitalizáveis e, hoje, objeto de privatizações e concessões ao setor privado, como é o caso, por exemplo, dos serviços portuários.

Outro exemplo que podemos dar sobre adoecimentos relacionados ao trabalho no contexto da reestruturação produtiva é a explosão de casos de Lesões por Esforços Repetitivos (LER) – doença por excelência da era da informática –, tanto é que ela atingiu de forma extraordinária os bancários que, no processo de reestruturação produtiva, incorporaram o uso de computadores e máquinas eletrônicas e tiveram seus salários, no caso dos digitadores, medido pela quantidade de toques processados nas máquinas. Ao mesmo tempo, a incorporação das novas formas de gestão a outros contextos de trabalho disseminou ainda mais esse tipo de doença decorrente de trabalho. Resultante da intensificação do trabalho, a doença tem aparecido em trabalhadores da agroindústria e em operários das manufaturas, entre outros. Cabe lembrar que as mudanças operadas nos processos e na organização do trabalho não ocorrem ao acaso. São "cientificamente" elaboradas por técnicos formados especificamente para "pensar" a organização do processo de trabalho, baseados em conceitos da Psicologia, da Sociologia, da Economia. Esses conceitos visam "dominar e controlar o trabalho humano": controle sobre o corpo e o espírito dos trabalhadores, com o intuito de aumentar a produtividade e render lucros ao capital (Chauí, 2000, p. 5).

Conclusão

Para entendermos o Brasil contemporâneo no que diz respeito ao mundo do trabalho e dos trabalhadores é necessário compreendê-lo em sua totalidade. Portanto, para apreendermos o trabalho em seus processos de mudança, dependemos da descoberta das relações e conexões que o inserem em uma totalidade. É preciso ter clara a necessidade de compreendê-lo em sua historicidade; é necessário, pois, contextualizá-lo. O estudo de qualquer fenômeno implica compreendê-lo a partir da realidade concreta da qual faz parte. Daí nosso esforço neste texto em retomar, ainda que de forma breve, o processo de desenvolvimento capitalista no país, destacando suas características, buscando apontar como, ao longo da história, as mudanças no processo produtivo, na economia e na política repercutiram na classe trabalhadora. A intenção é a de que este capítulo possa servir de esteio para a leitura dos próximos capítulos.

Buscamos mostrar aqui como em diferentes etapas do processo de industrialização brasileiro as mudanças no ritmo da produção e no processo de trabalho repercutiram sobre o trabalhador. Destacamos momentos nos quais foi predominante a organização da produção e do trabalho fundada no taylorismo/fordismo e a passagem para um modelo flexível de produção baseado no modelo japonês de gestão, o toyotismo, que se impõe em meio ao processo de reestruturação produtiva e de adoção de políticas de cunho neoliberal no país.

Por fim, é importante deixar claro que apesar das especificidades apresentadas nas diferentes atividades econômicas, sejam elas agrícolas, industriais ou do setor de serviços, e da heterogeneidade dos processos de reestruturação produtiva implementados, o que é característico a todas essas atividades e que lhes emprestam contemporaneidade é a intensificação e o controle sobre trabalho e trabalhadores. Portanto, é tendo como pano de fundo esse quadro de mudanças, esse estado de coisas que podemos entender como adoecem, se acidentam e morrem os trabalhadores brasileiros na contemporaneidade. É nesse contexto que se deve pensar o papel do psicólogo social do trabalho: não como um mero reprodutor da ideologia dominante, que propõe técnicas de intensificação da exploração dos trabalhadores e seu controle, mas como um crítico desse processo, um analista capaz de apontar as contradições existentes nas situações de trabalho e assim contribuir efetivamente para a melhoria das condições de trabalho e de vida da população trabalhadora ou da classe-que-vive-do-trabalho, como denominado por Antunes (2005). Esse é o papel que propomos pensar neste livro como sendo central nas práticas do psicólogo do trabalho e esses são os desafios a ele imposto enquanto profissional responsável.

Referências

Antunes, R. (1995). *Adeus ao trabalho? Ensaio sobre as metamorfoses e a centralidade do mundo do trabalho* (2a. ed.). São Paulo: Cortez; Campinas: Editora da Unicamp.

Antunes, R. (2005). *O caracol e sua concha: ensaios sobre a nova morfologia do trabalho*. São Paulo: Boitempo.

Antunes, R., & Alves, G. (2004). As mutações no mundo do trabalho na era da mundialização do capital. *Educação e Sociedade*, Campinas, *25*(87), 335-351.

Borsoi, I. C. F. (2011). Vivendo para trabalhar: do trabalho degradado ao trabalho precarizado. *Convergência: revista de Ciencias Sociales*, Mexico, Uaem, 55, 113-133, ene./abr.

Brasil, Ministério do Trabalho e Emprego, Secretaria de Inspeção do Trabalho. *Portaria n. 3.214 de 8 de junho de 1978*. DOU de 06/07/78 – Suplemento. Recuperado de http://portal.mte.gov.br/data/files/FF80808 12BE914E6012BE96DD3225597/p_19780608_3214.pdf

Cavalcante, Cleonice Andréa Alves et al. (2015). Análise crítica dos acidentes de trabalho no Brasil. *Rev. Bras. Ciên. Saúde/Revista de Atenção à Saúde, 13*(44), 100-109.

Chasin, J. (2000). *A miséria brasileira: 1964-1994 – do golpe militar à crise social*. Santo André/SP: Estudos e Edições Ad Hominem.

Chauí, M. (2000). *Convite à filosofia*. São Paulo: Ática.

Filgueiras, L. (2006). O neoliberalismo no Brasil: estrutura, dinâmica e ajuste do modelo econômico. In: *Neoliberalismo y sectores dominantes. Tendencias globales y experiencias nacionales*. Basualdo, E. M., Arceo, E. Clacso, Consejo Latinoamericano de Ciencias Sociales, Buenos Aires.

Hirata, H. Globalização e divisão sexual do trabalho (2001) *Cadernos Pagu, 17/18*(2), 139-156. Recuperado de http://www.scielo.br/pdf/cpa/n17-18/n17a06.pdf

Hirata, H., & Zarifian, P. (1991). Força e fragilidade do modelo japonês. *Estudos Avançados, 12*(5). Recuperado em 6 de outubro, 2014, de http://www.scielo.br/pdf/ea/v5n12/v5n12a11.pdf

Ianni, O. O mundo do trabalho (1994). *São Paulo em Perspectiva, 8*(1), jan./mar.

Ianni, O. (1996). *A era do globalismo.* Rio de Janeiro: Civilização Brasileira.

Jacques, M. G. C. Abordagens teórico-metodológicas em saúde/doença mental & trabalho. *Psicologia & Sociedade, 15*(1), 97-116.

Maciel, Regina Heloisa, Sena, Filadélfia Carvalho de, & Saboia, Iratan Bezerra de (2006). O mal-estar nas novas formas de trabalho: um estudo sobre a percepção do papel dos cooperados em uma cooperativa de trabalho autogestionário. *Revista Mal-Estar e Subjetividade, 6*(2), 535-560.

Mészáros, I. (2011). *A crise estrutural do capital.* São Paulo: Boitempo.

Navarro, V. L. (2006). *Trabalho e trabalhadores do calçado. A indústria calçadista de Franca (SP): das origens artesanais à reestruturação produtiva.* São Paulo: Expressão Popular.

Navarro, V. L., & Padilha, V. (2007). Dilemas do trabalho no capitalismo contemporâneo. *Psicologia e Sociedade, 19,* 14-20.

Negri, B. (1996). *Concentração e desconcentração industrial em São Paulo: 1880-1990.* Campinas: Editora da Unicamp.

Oliveira, F. (1994). Terceirização e (ou) barbárie. In: Martins, H. S., & Ramalho, J. R. (Orgs.). *Terceirização: diversidade e negociação no mundo do trabalho.* São Paulo: Hucitec, CEDI/NETS.

Pereira, D. (1984). Industrialização deformada. *Retratos do Brasil,* 39, 457-462.

Prado Jr., C. (1970). *História econômica do Brasil.* São Paulo: Brasiliense.

Prado Jr., C. (1997). *Formação do Brasil contemporâneo.* São Paulo: Brasiliense/Pallotti.

Previdência em questão (fev./2012). Cai número de acidentes de trabalho e aumenta afastamentos por transtornos mentais. *Previdência em questão,* Brasília, 59.

Sato, Leny, Santos, João Bosco Feitosa dos, & Oliveira Maciel, Regina Heloisa Mattei de (2014). Trabalhadores informais e a formação de redes socioprodutivas (RSP): considerações teórico-empíricas. *Revista Semestral do Departamento e do Programa de Pós-Graduação em Sociologia da UFSCar,* 4(2), 325.

Sodré, N. W. (1984). *A ideologia do colonialismo.* Petrópolis: Vozes.

Sodré, N. W. (2002). *Formação histórica do Brasil* (14a ed.). Rio de Janeiro: Graphia Editorial.

Wünsch Filho, V. (2004). Perfil epidemiológico dos trabalhadores. *Revista Brasileira de Medicina do Trabalho,* Belo Horizonte, *2*(2), 103-117.

3
FONTES DO PENSAMENTO E DAS PRÁTICAS EM PSICOLOGIA SOCIAL DO TRABALHO

Egeu Gómez Esteves
Instituto de Ciências Humanas e da Informação da Universidade Federal do Rio Grande

Marcia Hespanhol Bernardo
Centro de Ciências da Vida da Pontifícia Universidade Católica de Campinas

Leny Sato
Instituto de Psicologia da Universidade de São Paulo

Introdução

A história da ciência é também história das situações e das condições em que ela se desenvolve. Escrever sobre as fontes do pensamento e das práticas em Psicologia Social do Trabalho (PST) impõe dissertar sobre a multiplicidade de fatores envolvidos no seu surgimento, os quais nos levam à estrutura social e histórica subjacente aos enfoques teóricos, metodológicos e epistemológicos que a caracterizam. Este capítulo tem, portanto, o objetivo de apresentar a matriz dessa Psicologia Social dedicada aos fenômenos do mundo do trabalho. Pretende indicar de onde ela veio, o que a alimentou, quais compromissos construiu ao longo de sua curta história e, finalmente, seu lugar no mundo das ideias e das práticas psicológicas.

Nesse sentido, as seguintes indagações nos ajudaram na elaboração deste texto: Qual foi o **contexto histórico** que demandou o surgimento da Psicologia Social do Trabalho? Quais os **estudos**

precursores que inspiraram o conteúdo e a direção das mudanças? Quais **acontecimentos** modificaram o campo de atuação tanto da Psicologia Social quanto da Psicologia do Trabalho, causando alterações na forma de atuação dos psicólogos sociais, tornando o surgimento da PST possível e necessário? Quais os **compromissos** éticos envolvidos tanto na produção do conhecimento científico em Psicologia Social do Trabalho quanto no reconhecimento e na legitimação dos saberes e práticas desenvolvidos a partir desse conhecimento? Quais as **convergências** com outros campos e temas do pensamento e da prática social?

Em uma tentativa de responder a tais questionamentos, o capítulo está organizado em cinco tópicos, nos quais apresentaremos: 1) contexto histórico, social, econômico e político que propiciou o surgimento da PST; 2) alguns estudos precursores de psicólogos sociais sobre temáticas do trabalho; 3) os acontecimentos que possibilitaram o surgimento de novas formas de atuação profissional para psicólogos sociais envolvidos com as demandas do mundo do trabalho; 4) o compromisso com os trabalhadores na fundamentação das formas de fazer pesquisa; 5) a convergência com o pensamento social crítico latino-americano.

Para finalizar, reuniremos as principais escolhas de caráter ético, político e metodológico realizadas pelos psicólogos da área na tentativa de expor, ainda que inicialmente, alguns parâmetros que fundamentam a Psicologia Social do Trabalho.

1 Contexto e momento histórico

O historiador contemporâneo Peter Burke, partindo da ideia de que a história é sempre social e culturalmente constituída, destaca a importância da "história vista de baixo" (Burke, 1992), ou seja, construída com base na perspectiva das pessoas comuns, e não na dos personagens de destaque ou na dos grandes acontecimentos. Nessa concepção, não se pode assumir que exista "a" história de algum fato, já que cada relato será sempre "uma" versão. Tomando esse pressuposto como ponto de partida, descrevemos, aqui, "uma" história do surgimento e do desenvolvimento da

Psicologia Social do Trabalho, construída a partir da vivência dos trabalhadores e dos próprios autores deste livro que, em grande parte, participaram dessa construção.

Essa história tem início na década de 1980, marcada pelo processo de "abertura política brasileira", sobretudo durante os últimos anos do regime militar[14]. Naquele momento, as demandas por democracia e cidadania traziam consigo os problemas que a população brasileira enfrentava diariamente em relação ao trabalho, à saúde, à educação, à segurança pública, à estrutura fundiária etc. Eram todos antigos problemas, mas a novidade consistia em poder falar publicamente sobre eles, torná-los temas de discussão, de agenda política e de mobilização social.

Um marco importante do período foi o "episódio do Rio Centro", que representou a desestabilização da repressão militar, tornando possível o fortalecimento do movimento social pela democracia. Naquele episódio, um grupo de militares tentou detonar três bombas no evento em comemoração ao Dia do Trabalho, realizado em 30 de abril de 1981, no Rio de Janeiro (Santos, 2014). Não por acaso, meses depois daquele acontecimento, em agosto, ocorreria a I Conferência Nacional das Classes Trabalhadoras – Conclat, evento que propôs a reorganização sindical e partidária no Brasil. Essa conferência foi seguida de diversas plenárias nacionais, tais como o 1º Encontro Nacional dos Sem Terra (em 1984), que precedeu a criação do Movimento dos Trabalhadores Rurais Sem Terra – MST, e a 8ª Conferência Nacional de Saúde (em 1986), que propôs a saúde como direito social e universal e a reestruturação do Sistema Nacional de Saúde (Brasil, 1986).

Também naqueles anos de 1984 e 1985 ocorreram diversas manifestações públicas pelas eleições livres e diretas (conhecidas pelo *slogan* "Diretas Já"), com muitas pessoas demonstrando, nas ruas, sua insatisfação com o Regime Militar. Com o fim desse regime (em 1985), a mesma mobilização social animou a eleição dos

---

14. No capítulo 2, foram apresentadas as principais características desse período, especialmente aquelas que se referem ao mundo do trabalho. Aqui, vamos nos concentrar nos aspectos políticos que permitiram o fortalecimento dos movimentos sindicais e da PST.

deputados federais constituintes (novembro de 1986) e, igualmente, propiciou e pressionou a formulação de propostas que se mostrariam fundamentais durante a elaboração da nova Constituição Federal, promulgada em 1988.

Porém, se o novo marco constitucional brasileiro fora finalmente escrito, faltava transformar a realidade de um país saído de mais de vinte anos de ditadura militar. É nesse contexto de tímida reinstituição da democracia, de reformulação de ações e políticas públicas e de reorganização social, seguido da abertura econômica dos anos 1990, que se inscrevem os acontecimentos que possibilitariam e quiçá exigiriam o surgimento da PST, acompanhando as demandas sociais em diversos setores.

2 Alguns estudos precursores de psicólogos sociais dedicados aos fenômenos do trabalho

No campo acadêmico, diversas influências compõem o modo como se tem feito a Psicologia Social do Trabalho tal como tratada neste livro. Uma influência significativa foi, claramente, da própria Psicologia Social que há muito tempo adotou como seus aqueles temas do mundo do trabalho que diziam respeito aos modos de produção social da vida, às estratégias de sobrevivência e aos problemas sociais e humanos no trabalho.

Trabalhos precursores, realizados ainda durante a vigência do Regime Militar no Brasil (1964-1985), tiveram influência marcante para a configuração da PST atual. Correndo o risco – inevitável – de omitir diversas outras importantes contribuições, destacamos aqui alguns trabalhos, como o de Sylvia Leser de Mello (1985) com empregadas domésticas, o de Maria do Carmo Carvalho (1981) com operários, diversos estudos de Arakcy Martins Rodrigues (2005), sobre diferenças de gênero, funcionários públicos, supervisores de fábrica etc. e, um pouco depois, as discussões de Peter Spink sobre a relação da psicologia com os fenômenos do trabalho, propondo um olhar para as ações e os sentidos construídos no dia a dia, com mais ênfase nos processos do que nas estruturas (Spink, 1989, 1992, 1996, 2009).

Esses estudos abordaram problemas e questões do mundo do trabalho como fenômenos que mereciam ser tratados pela Psicologia Social em relação a seus temas clássicos (identidade, processos de interação social, percepção e cognição social etc.). De acordo com Leny Sato (2010),

> nesses estudos, a leitura da Psicologia Social encontra-se presente mediante articulações entre autores da Psicologia e da Sociologia, na qual se busca ultrapassar a dicotomia indivíduo e sociedade, já tratada, por exemplo, por Norbert Elias (Elias, 1994) no final da década de 1930 e, posteriormente, por Bourdieu (1980) (Sato, 2010, p. 43).

Talvez se possa afirmar que, nesses estudos precursores, a Psicologia Social tenha ocupado um lugar que estava vago, pois, como comentou Peter Spink (2009),

> a psicologia do trabalho nos países centrais fixou-se somente nas profissões, nos gestores e nos grupos de trabalhadores mais fáceis de definir, incluindo, até certo ponto, os desempregados que estão à espera de empregos desse tipo. Ignorou o número considerável de trabalhadores no mundo inteiro que são motoristas de táxi, salva-vidas, motoristas de ônibus, garis, atores de teatro, agricultores e vendedores ambulantes, dentre outros (Spink, 2009, p. 228).

É certo que esses estudos pioneiros contribuíram para a formação de psicólogos sociais que viriam, posteriormente, a se inserir em contextos diversos – como órgãos de representação sindical, serviços de saúde pública e universidades – e que, diante das diferentes conjunturas políticas e econômicas do país, se deparariam com questões trazidas pelos trabalhadores.

Partindo de uma postura ética e política crítica quanto à forma como se dão as relações de trabalho no contexto contemporâneo[15], tais psicólogos buscaram e por vezes construíram maneiras de lidar com essas novas questões que se apresentavam.

---

15. Para mais detalhes sobre o trabalho no contexto contemporâneo brasileiro, ver capítulo 2.

Alguns desses acontecimentos serão abordados a seguir, mas, antes, é importante destacar que grande parte das primeiras pesquisas e ações profissionais com o enfoque da PST focalizou contextos formais de trabalho, sobretudo o setor industrial. Isso provavelmente ocorreu devido às características da década de 1980, já descrita acima, de reorganização do movimento sindical, que demandava esse olhar. A compreensão das características do trabalho industrial ainda tem sido foco de muitas pesquisas e intervenções profissionais, mas pode-se dizer que, atualmente, houve uma considerável ampliação do leque de interesses para os mais variados contextos, que incluem o trabalho informal urbano e o trabalho rural, tratados nos capítulos 6 e 7 deste livro.

3 Os acontecimentos que conformaram um novo campo de pesquisa e atuação profissional

Neste tópico, tratamos de dois episódios recentes de transformações no mundo do trabalho que induziram e exigiram a criação da PST. São eles: a Saúde do Trabalhador e a Economia Solidária, cuja escolha foi devida, sobretudo, à própria experiência profissional e acadêmica dos autores do capítulo.

No contexto dos anos de 1980, apresentado anteriormente, sindicalistas buscaram entender os motivos da ocorrência de problemas de saúde e do alto consumo de medicamentos entre trabalhadores; queriam também construir ações para enfrentar tais problemas e, para isso, solicitaram assessoria a um órgão sindical. Assim, eles expressavam sua preocupação com a saúde dos trabalhadores, e não apenas com os aspectos econômicos, que costumam ser centrais nas negociações entre sindicatos e empregadores. Tal fato é chave para a configuração do campo da Saúde do Trabalhador.

Já no final dos anos de 1990, em um período de grande desemprego, ter ou não trabalho era motivo de preocupação cotidiana. Naquele momento, trabalhadores desempregados, ou em risco de desemprego, solicitaram apoio de sindicatos e universidades à sua reivindicação pelo direito de trabalhar e de produzir sob o regime de trabalho associado, seja nas fábricas onde foram empregados durante anos, seja criando grupos informais de trabalho, ou formalizando associações, cooperativas etc. Esse movimento foi denominado de Economia Solidária após a publicação, por Paul Singer, do texto *Economia Solidária: geração de renda e alternativa ao liberalismo* (Singer, 1998, pp. 126-139). Logo o termo passou a ser utilizado nas universidades, nos sindicatos e também pelos próprios trabalhadores associados.

Embora não sejam os únicos, esses dois episódios (surgimento da Saúde do Trabalhador e da Economia Solidária) são emblemáticos do processo pelo qual se conformou a PST, que é o foco deste livro. Eles ilustram como esse enfoque da Psicologia Social ganhou forma a partir das reivindicações dos trabalhadores por direito ao trabalho digno, à cidadania e à saúde. Em ambos os casos, a demanda dos trabalhadores convocou psicólogos sociais que, frequentemente, já estavam engajados em movimentos sociais diversos. Solicitados por fenômenos e problemas do mundo do trabalho, esses profissionais foram compelidos a buscar na Psicologia Social as ferramentas para interpretar tais situações e para, junto com os trabalhadores, construir novas compreensões e novos fazeres. Considerando a importância desses campos, tratamos deles em destaque nos dois tópicos a seguir.

Saúde do Trabalhador

A Saúde do Trabalhador configurou-se como um movimento importante no Brasil na década de 1980 (Sato, Lacaz & Bernardo, 2006). Ele surge no bojo da abertura política e da presença dos sindicatos de trabalhadores na cena pública a partir do chamado "novo sindicalismo" (Rodrigues, 1999), que, junto ao movimento sanitário (constituído por profissionais de saúde, entre os quais estavam alguns psicólogos), conseguiu que a Constituição Federal incorporasse políticas públicas voltadas especificamente para as pessoas na sua condição de trabalhadores. Essas políticas deveriam contemplar a assistência a trabalhadores acidentados ou adoecidos pelo trabalho, bem como atividades de prevenção de agravos à saúde relacionados ao trabalho e de promoção de saúde. A Saúde do Trabalhador pode ser definida, então, como "um campo de conhecimentos e de práticas que tem como objetivo o estudo, a análise e a intervenção nas relações entre trabalho e saúde-doença, mediante propostas programáticas desenvolvidas na rede de serviços de saúde" (Crepop, 2008).

Adotando enfoque mais abrangente do que a tradição médica biologicista, a construção desse campo de saberes e de práticas tomou como base os preceitos da Saúde Coletiva e, principalmente, da Medicina Social latino-americana, que considera a saúde como parte integrante do processo histórico e social, tendo como categoria explicativa central o trabalho (Laurel & Noriega, 1989, García, 1983). Para a Medicina Social latino-americana, a produção social da saúde e/ou do adoecimento segue o curso das tensões entre, de um lado, as exigências dos processos de produção e de valorização sobre o corpo e a mente dos trabalhadores e, de outro, uma grande variedade de reações dos trabalhadores a tais exigências, tanto individual como coletivamente. Desse modo, a Saúde do Trabalhador considera "o trabalho em suas diferentes formas de organização, divisão e valorização, características de cada formação social, compreendendo as relações entre trabalho e processo saúde-doença em suas implicações históricas" (Sato, Lacaz & Bernardo, 2006, p. 282).

As práticas de pesquisa e intervenção em Saúde do Trabalhador no Brasil também se inspiraram no chamado "Modelo Operário Italiano". Formulado em Turim no final dos anos de 1960 pela equipe do psicólogo Ivar Oddone (Oddone, Re & Briante, 1981), esse método de produção de conhecimento sobre o processo de trabalho em sua relação com a saúde considera que a vivência e o saber dos trabalhadores devem dialogar com o saber técnico-científico, como "estratégia de conhecer para transformar a realidade, na forma de interpretar o adoecimento e organizar os serviços de saúde para operar sobre esta realidade" (Sato, Lacaz & Bernardo, 2006, p. 283).

No afluxo de tais influências, a Psicologia Social aproximou-se do campo da Saúde do Trabalhador por, ao menos, dois caminhos. Um, pela participação em órgãos do movimento sindical, como o Departamento Intersindical de Estudos e Pesquisas de Saúde e dos Ambientes de Trabalho (Diesat) (Ribeiro, Lacaz, Clemente & Dutra, 2002). Outro, pela atuação nos serviços públicos de atenção à saúde dos trabalhadores, em ações de promoção de saúde, de tratamento e de prevenção.

O enfoque proposto pela Psicologia Social solicitava um olhar que não se restringisse nem à psicologia clínica, nem à psicologia da saúde, mas que incluísse os aspectos sócio-históricos presentes nas relações de trabalho. Configurando-se inicialmente como um campo de atuação prática para psicólogos, logo a Saúde do Trabalhador tornou-se um importante campo de pesquisa de uma psicologia social que buscava tanto compreender quais aspectos dos processos de trabalho levavam ao adoecimento dos trabalhadores quanto identificar formas de enfrentá-los.

A título de exemplo, descreveremos brevemente algumas atividades desenvolvidas por psicólogos sociais que ajudaram a conformar a perspectiva da Psicologia Social do Trabalho, sendo uma realizada em um órgão intersindical de Saúde do Trabalhador e outra em serviços públicos de Saúde do Trabalhador.

Iniciemos pelas atividades realizadas pelo Diesat. Esse órgão, nos anos de 1980, tinha a seguinte estrutura: diretoria composta de sindicalistas de vários sindicatos de trabalhadores e um corpo de assessores técnicos que contava com profissionais de várias áreas: medicina (saúde pública, clínica, psiquiatria), direito, engenharia, sociologia e psicologia. A atuação do Diesat dava-se pela demanda sindical por assessoria técnica e/ou formação.

Uma das atividades desse órgão que ajudaram a conformar a PST foi desenvolvida em 1985, quando o Sindicato dos Metroviários de São Paulo reivindicava à Companhia do Metropolitano de São Paulo (Metrô) redução da jornada de trabalho para os operadores de trens, por considerarem que esse trabalho era desgastante para a saúde. A fim de assessorar o sindicato na negociação com o empregador, foi desenvolvida uma pesquisa-participante[16] que, por meio da realização de reuniões periódicas durante vários me-

16. A pesquisa participante era a modalidade de pesquisa que se adotava no Diesat. Partia-se do pressuposto de que o saber dos trabalhadores era imprescindível para que estudos e pesquisas se desenvolvessem.

ses, conseguiu identificar características das condições e da organização do trabalho que afetavam a saúde (Seligmann-Silva, Delia & Sato, 1985)[17]. No caso dessa pesquisa, a equipe era formada por trabalhadores eleitos pelos metroviários e por assessores do Diesat, entre os quais estava uma psicóloga. Além da construção de conhecimento sistematizado sobre o assunto em exame, o desenvolvimento dessa pesquisa participante foi um espaço privilegiado para o processo de formação de trabalhadores, pois as reuniões se configuravam como lugar de troca dos diferentes conhecimentos ali presentes. Essa atividade colaborou para que o sindicato conseguisse a ampliação dos períodos de folga.

Outra modalidade de assessoria técnica amplamente realizada pelo Diesat naquele período e que convocava o trabalho de psicólogos era a atividade de formação sindical em saúde. Adotava-se o método de educação popular elaborado por Paulo Freire, no qual toma-se como ponto de partida a realidade vivida pelos trabalhadores, realidade esta que é posta em exame com o objetivo de transformá-la (Freire, 1970). Nesse âmbito, a Psicologia Social contribuía com seu conhecimento sobre o saber dos trabalhadores, tendo em vista que formar, segundo a orientação pedagógica adotada, requer a compreensão crítica das formas de cognição social e das relações entre saberes do senso comum e da ideologia, por exemplo.

Já na esfera das políticas públicas de Saúde do Trabalhador diversas foram as atividades realizadas por profissionais de psicologia (1) na assistência aos trabalhadores que adoeceram ou se acidentaram no trabalho, (2) em atividades de promoção de saúde e (3) na prevenção de problemas de saúde relacionados ao trabalho, o que também ajudou a conformar a perspectiva da PST. A seguir, relatamos um exemplo dentre muitos possíveis.

No campo da assistência, destacamos os grupos de qualidade de vida com trabalhadores portadores de Lesão por Esforço Repe-

---

17. Muitas são as características da condição e da organização dos trabalhos, e não é possível trazer todas elas nesse relato, mas o trabalho monótono, realizado solitariamente, em ambiente escuro, sob exigência de cumprimento de horários, em turno alternado, era um dos principais.

titivo (LER), que, no Brasil, desde a década de 1980, tem acometido quantidade importante de trabalhadoras e trabalhadores de diversas categorias profissionais. Note-se que foi somente a partir da década de 1990 que essa síndrome passou a ser reconhecida como uma doença do trabalho. A proposição dos grupos de qualidade de vida respondeu a demandas de médicos de um Programa de Saúde do Trabalhador em São Paulo (Zona Norte) que identificavam que trabalhadoras e trabalhadores com LER se beneficiariam de assistência psicológica[18]. Considerou-se que esses trabalhadores se beneficiariam de um espaço grupal, mesmo que a cura da doença não fosse alcançada.

Avaliou-se que o grupo deveria ter um caráter formativo-terapêutico e interdisciplinar, e não ser psicoterapêutico estritamente. Essa proposta estava respaldada na concepção de que o sofrimento emocional não é objeto exclusivo da atuação de psicólogos e psiquiatras. A opção foi acolher o sofrimento emocional num espaço de grupo, de modo a facilitar a contextualização do adoecimento, do sofrimento emocional e dos modos como nos relacionamos nos espaços de trabalho no contexto das relações capital-trabalho e dos valores da sociedade contemporânea. A proposta dos grupos de qualidade de vida cumpria, assim, finalidades terapêuticas, inclusive "psi", e formativas, na medida em que organizava um espaço no qual era possível refletir a própria relação com o trabalho e com as explicações e discursos ideológicos sobre o processo saúde-doença e trabalho.

Outro exemplo interessante para ajudar a entender a conformação da PST a partir da práxis de psicólogos sociais na Saúde do Trabalhador diz respeito a atividades de vigilância em saúde do trabalhador nos locais de trabalho. Essencialmente, ela inclui a identificação, o controle e a eliminação de aspectos do trabalho que possam colocar a vida dos trabalhadores em risco ou prejudicar sua saúde. Essa atividade é bastante diferente daquilo que, no senso comum, imagina-se que psicólogos e psicólogas possam fazer na área do trabalho. A contribuição desse profissional se dá

---

18. Relato dessa proposta de trabalho pode ser encontrado em Sato et al. (1993) e em Lima e Oliveira (1995).

justamente pela via da psicologia social crítica, com um olhar para a dimensão subjetiva do trabalho, sensível às formas particulares como os trabalhadores se organizam e se relacionam com seu trabalho e às condições adversas a que estão expostos, analisando de forma dialética o contexto social e a individualidade, conforme já mostrou Sato (1996). Além disso, ao se inserirem nas equipes de vigilância, os psicólogos atuam como facilitadores do diálogo entre os saberes da equipe técnica e dos trabalhadores, ajudando na compreensão dos modos como o trabalho é organizado e sua relação com o adoecimento de trabalhadores.

Nos casos apresentados aqui é possível observar como se mostra presente a dimensão política voltada para a busca de transformação das relações de exploração presentes no mundo do trabalho.

Economia Solidária

Outro importante campo para a atuação de psicólogos sociais interessados nas questões do mundo do trabalho emergiu em um cenário que é devido, sobretudo, a um fenômeno socioeconômico que caracterizou os anos de 1990, o desemprego. Retomando o que foi apresentado no capítulo 2, o desemprego nesse período foi resultado de um conjunto de transformações no mundo do trabalho provocadas principalmente por quatro fatores: *globalização financeira* (Singer, 1998); *reestruturação produtiva* (Mattoso, 1999); uma nova *divisão internacional do trabalho* (Pochmann, 2001); e a adoção de novas *tecnologias de comunicação e informação* (Dowbor, 2002). Tais transformações foram agravadas pela elaboração, em 1989, de um conjunto de recomendações sobre política econômica que deveria ser adotado pelos países da América Latina. Conhecidas como *Consenso de Washington*, tais recomendações são consideradas por alguns como a "bíblia" do neoliberalismo (Batista, 1994). Desindustrialização e desemprego são as consequências mais reconhecidas da adoção do "consenso" (Azevedo et al., 2013).

O processo de "globalização e desemprego" (Singer, 1998) teve seu ápice no Brasil em 2002, ano em que as taxas de desemprego aberto atingiram seu teto – 12,6% da população economicamente ativa –, afetando toda a classe trabalhadora. Entre aqueles que permaneciam empregados, o risco do desemprego inibiu reivindicações por melhorias nas condições de trabalho e por aumentos reais nos salários, esvaziando parcialmente o poder do movimento sindical. Entre os desempregados, o trabalho informal e o desalento reduziam e falseavam as taxas de desemprego[19].

Considerando tal contexto, a construção da Economia Solidária, nas palavras de André Ricardo de Souza (2011), foi uma "reação popular ao desemprego", realizada autonomamente por trabalhadores que se reuniram em grupos e empreendimentos com o objetivo de, coletivamente, angariar ou produzir as condições para voltar a trabalhar. O surgimento do trabalho associativo no Brasil foi, assim, parte integrante do mesmo processo de crise econômica, desemprego, informalidade e precarização do trabalho e, portanto, é também portador das contradições próprias dessa situação. Se o desemprego em massa foi fonte do esvaziamento do poder de barganha dos sindicatos, o que é um sintoma de desagregação da *solidariedade política* entre os trabalhadores, por outro lado, foi também fonte de *solidariedade econômica* (Leite, 2009), necessária na busca pelo *direito ao trabalho* (Andrada, 2013).

Dessa forma – ambígua e contraditória – emergiram milhares de grupos de trabalhadores em regime de autogestão: empresas recuperadas pelos trabalhadores (nos setores da indústria e dos serviços); associações e cooperativas de trabalhadores em atividades tradicionais (artesanato, pesca, extrativismo florestal, agricultura familiar etc.); grupos de catadores de material reciclável, cooperativas de poupança e crédito, bancos comunitários populares etc. (ADS, 2000b, Senaes, 2006). Esse conjunto heterogêneo, plural e multifacetado de iniciativas guarda, evidentemente, enormes contradições, apresentando desde cooperativas industriais com alto capital investido até grupos informais em condições de trabalho precárias, perigosas e insalubres.

---

19. A taxa de desemprego aberto inclui os trabalhadores que procuraram emprego nos últimos 30 dias. Assim, aqueles que já desistiriam de tentar – o chamado desemprego oculto por desalento – não entram nas estatísticas.

Nesse contexto, os trabalhadores mais politizados acabaram por organizar o movimento da Economia Solidária. Assim, muitos que inicialmente se juntaram para encontrar maneiras de sobreviver no contexto de desemprego, descobriram que podiam também atuar politicamente, reivindicando e propondo ações sociais e políticas públicas (Andrada, 2013a). Surge assim, paulatinamente, uma nova versão da *solidariedade política*, em um movimento daqueles trabalhadores reunidos e trabalhando sob o regime de trabalho associado.

Deve-se destacar que o interior desse movimento carrega a mesma diversidade e heterogeneidade de sua base econômica, o que resulta em um debate de proposições divergentes sobre o papel e o potencial da Economia Solidária (ADS, 2000b). Tal debate estende-se desde aqueles que entendem a Economia Solidária como um campo acessório, compensatório e funcional ao capitalismo, com potencial apenas para gerar trabalho e renda para amainar os efeitos do desemprego até os que a veem como um campo específico, estrutural e disfuncional ao capitalismo, com potencial de desafiar a intenção última das suas crises cíclicas, a criação deliberada de desemprego. Nessa linha de argumentação, Márcia Leite (2009) afirma que

> [...] sendo o contexto de expansão das experiências associativas o de crise generalizada [...] tais experiências carregam consigo as disjuntivas de risco e possibilidades, do velho e do novo, emergindo, portanto, como portadoras a um só tempo de um conjunto de possibilidades e de limites (Leite, 2009, p. 33).

Considerando tais características, no fim dos anos de 1990, cooperativas, associações e outros grupos de trabalhadores que compuseram o movimento da Economia Solidária já reivindicavam políticas públicas e demandavam apoios diversos, principalmente sob a forma de formação e assessoria. Nesse contexto, algumas universidades responderam criando as "Incubadoras de Cooperativas" (Guimarães, 1999, 2000), que se configuraram como atividade de extensão universitária. Sindicatos e centrais sindicais, pressionados pelos desempregados, também se interessaram pelo movimento nascente e criaram agências e programas de fomento para os empreendimentos coletivos (ADS, 2000a, 2000b).

Naqueles anos, as invenções coletivas para enfrentar as situações de desemprego entraram para a agenda de pesquisa e de intervenção de psicólogos (com afiliações teórico-metodológicas diversas), cientistas sociais e políticos, educadores, contadores, economistas etc., conformando um campo multidisciplinar de pesquisa e de ação sobre diversos temas relativos à Economia Solidária. O interesse pelo cooperativismo popular, pela autogestão do trabalho, pelas empresas recuperadas, em suma, pela auto-organização dos trabalhadores entrou na psicologia social brasileira e encontrou ancoradouro na PST, contribuindo para o seu desenvolvimento.

Observa-se, assim, que a participação de psicólogos sociais na Economia Solidária acompanhou a criação desse campo e sua tarefa já estava clara, e segundo Peter Spink (2009), era exigente

> compreender o dia a dia das pessoas "invisibilizadas", que trabalham no imenso cotidiano das microcadeias produtivas e das práticas informais na nanoeconomia (Spink, 2007), sendo afogadas por relações econômicas perversas, e acompanhar as lutas das tentativas solidárias de criar outras inserções econômicas; ademais, questionar sobre quais seriam os conceitos, as práticas e as teorias que poderiam apoiar e orientar as ações daquelas pessoas e suas organizações coletivas [...] (Spink, 2009, p. 230).

Como campo de atuação plural e heterogêneo (há grupos de todo tipo, em todas as atividades econômicas e com uma enorme miríade de problemas), a Economia Solidária exigiu dos psicólogos sociais do trabalho o desenvolvimento de uma postura de engajamento em atividades transdisciplinares, desenvolvidas por equipes multiprofissionais, voltadas às necessidades dos trabalhadores e dos empreendimentos da Economia Solidária. Segue um exemplo de atuação neste campo.

No ano de 2001, uma equipe de trabalhadores sociais composta por vários psicólogos sociais e uma cientista social (organizados como uma cooperativa de trabalho) foi contratada pela Agência de Desenvolvimento Solidário (ADS) para cadastrar grupos de coleta seletiva na Grande São Paulo (Verso, 2002). Tal cadastro tinha por objetivo amplo revelar a dimensão, em termos econômicos e sociais, da atividade de coleta seletiva na região, por meio da organização de um banco de dados sobre os empreendimentos, o perfil de seus trabalhadores (gênero, etnia, idade, escolaridade etc.), os tipos e as quantidades de materiais recolhidos, assim como informações sobre os compradores dos materiais.

Para iniciar tal levantamento, a equipe participou de reuniões do Fórum Lixo e Cidadania, no qual realizou os primeiros contatos com trabalhadores vinculados ao movimento dos catadores, com representantes do poder público municipal e também de várias organizações não governamentais atuantes no âmbito do meio ambiente. Todavia, depois de realizado o cadastro inicial, a equipe convidou os representantes dos grupos de coletores para, juntos, formularem um conjunto de propostas para a organização da atividade. Dos 40 grupos cadastrados, trabalhadores de 17 deles participaram das atividades de planejamento, realizadas com apoio da ADS. As reuniões funcionavam como plenárias em que os catadores confrontavam suas diferentes visões sobre os problemas e as potencialidades do setor, assim como elaboravam propostas de solução destes problemas. Aos psicólogos sociais envolvidos coube a mediação das atividades e, junto com a socióloga, a sistematização das propostas, seguidas de devolutivas que eram sempre realizadas no início de cada reunião.

É importante ressaltar que os psicólogos sociais do trabalho na atividade não conheciam o setor e nada sabiam de coleta seletiva, mas conheceram a realidade daqueles trabalhadores e muito aprenderam com eles sobre o tema durante os dois anos de trabalho. As atividades demandaram o engajamento e a participação efetiva tanto dos catadores quanto dos profissionais envolvidos para sua consecução, de tal modo que é difícil afirmar a origem e a autoria das propostas ali elaboradas. Esse processo perdurou todo o ano de 2002 e resultou na elaboração de um conjunto de propostas para a estruturação do setor, tanto em termos de políticas públicas municipais voltadas aos empreendimentos dos catadores quanto de formas de auto-organização da coleta seletiva e da comercialização dos produtos.

Qual a especificidade de psicólogos e psicólogas sociais nesse exemplo, ou mesmo nesse contexto do trabalho associativo? Podemos dizer que o fato de não imporem seu conhecimento aos trabalhadores, de partirem das vontades e necessidades deles, de tomarem juntos cada decisão, de ajudarem a explicitar o que está implícito ou tácito, os valores, as regras, os preconceitos etc., colaborou com o aprimoramento do processo de organização desses grupos. É possível afirmar, assim, que o olhar dialético da Psicologia Social, que considera o contexto social em que os grupos estão inseridos, bem como suas formas de organização interna, possibilitou o fortalecimento político desse tipo de empreendimento.

A PST cresceu e se diversificou com a Economia Solidária, incorporando novas temáticas que se encontram, sobretudo, nas fronteiras que os trabalhadores dessa economia mantêm com outros movimentos sociais, tais como os de luta pela reforma agrária e segurança alimentar, por habitação popular e melhorias urbanas, por coleta seletiva, reciclagem, por reconhecimento profissional dos catadores, pela organização de bancos comunitários e democratização das instituições financeiras etc.

4 O compromisso com os trabalhadores na fundamentação das formas de pesquisar e de atuar

Considerando o que foi apresentado até aqui, podemos dizer que a PST constituiu-se de uma dupla afluência. Primeiro, pelo aporte de uma psicologia social que, no âmbito da pesquisa, já abarcava os processos psicossociais, buscando compreender as dimensões subjetiva e objetiva de diferentes cotidianos de trabalho. Segundo, pela conjuntura política e econômica do país, que levou psicólogos sociais a buscarem uma nova práxis de pesquisa e de atuação profissional a partir da aproximação com as reais demandas dos trabalhadores.

Vemos, assim, que a PST se configurou ganhando identidade e autonomia ao estudar as dinâmicas psicossociais tanto de reação aos problemas cotidianos dos trabalhadores quanto de enfrentamento de suas causas geradoras. Além disso, as reações à reestruturação produtiva, ao desemprego, bem como ao trabalho precário, demandaram também o engajamento profissional de psicólogos sociais no campo do trabalho, ajudando a conformar a PST.

Nesta exposição, também é possível perceber que a PST estabelece relações relevantes entre as atividades investigativas e as práticas de intervenção. Isso porque os pontos de partida mais frequentes para a pesquisa científica são os problemas concretos vividos pelos trabalhadores, e sua investigação visa, direta ou indiretamente, a construção de formas de enfrentamento destes problemas – desde torná-los objetos de debates públicos até ações de transformação das realidades de trabalho. Trata-se, portanto, de uma modalidade engajada de pesquisa (Burawoy, 2005).

Se considerarmos que a ciência é um empreendimento coletivo (Becker, 1999), podemos observar que, no conjunto, as ações desses psicólogos e psicólogas sobre o mundo do trabalho, pesquisa e intervenção são atividades articuladas e que se alimentam mutuamente. Por outro lado, as intervenções também demandam pesquisas, especialmente se consideramos que não existem "receitas" predefinidas de como tratar das demandas colocadas aos psicólogos pelos contextos de trabalho.

Historicamente, a vinculação da pesquisa à ação conta com iniciativas importantes no campo da Psicologia Social. Referências seminais são os estudos de Kurt Lewin nos anos de 1930 e de 1940 (Lewin, 1965). Sua contribuição está presente na origem das chamadas pesquisa-ação e pesquisa-intervenção (Rocha & Aguiar, 2003, Paulon, 2005, Spink & Spink, 2007). Nas formulações de Lewin está presente a matriz de uma nova relação entre *sujeitos conhecedores* e *objetos cognoscíveis*, na qual a *neutralidade* foi substituída pela *cooperação*, entendida como atributo necessário para a produção e validação social de novos conhecimentos.

Preocupadas com a utilidade da pesquisa para os envolvidos, essas iniciativas reconhecem o conhecimento científico-acadêmico e o senso comum como igualmente relevantes. No Brasil, Paulo Freire (1981) é uma importante referência sobre a relação dialética entre objetividade e subjetividade no tipo de pesquisa que também caracteriza a PST, fundamentalmente quanto à relevância de considerar a percepção social da população envolvida acerca de sua própria realidade concreta, pois: "não posso conhecer a realidade de que participam a não ser com eles como sujeitos também deste conhecimento que, sendo para eles um conhecimento anterior (o que se dá em nível de sua experiência cotidiana), se torna um novo conhecimento" (Freire, 1981, p. 35).

Isso não foi diferente nas experiências fundadoras da PST, nas quais os pesquisadores conheceram o trabalho a partir do olhar e das vivências dos trabalhadores e se envolveram nas lutas destes últimos, seja na negociação em prol da sua saúde, no enfrentamento do desemprego ou na tentativa de viabilização da autogestão. Faz-se, assim, pesquisa não convencional em lugares não convencionais, no transcorrer de uma forma participativa de atuação profissional, ou multiprofissional, que, após trabalhosa sistematização, torna-se ela mesma fonte primária de pesquisa. Conforme afirmam Oliveira et al. (2015),

> embora, no Brasil, a divisão social do trabalho da produção do conhecimento tenha localizado nas universidades o espaço privilegiado para o desenvolvimento da pesquisa, pode-se reconhecer, no âmbito das políticas públicas e da atuação dos movimentos sociais em geral, atividades investigativas que têm papel relevante para a forte vinculação entre a pesquisa e a intervenção; *mesmo que não exista entre nós uma forte tradição da sistematização e da comunicação da prática profissional como consistindo ela mesma uma pesquisa* (Oliveira et al., 2015, grifo nosso).

Ao considerar, por exemplo, as práticas que vinculam pesquisa e ação nos dois campos mencionados aqui – Saúde do Trabalhador e Economia Solidária –, observamos diferentes acentos sobre a investigação e sobre a intervenção, produzindo combinações diversas entre ambas, num único e mesmo processo, matizando-as. Em nossa experiência, a pesquisa e a ação convivem ora presentes no mesmo ato, ora de modo sincrônico, ora de modo sequencial, ora como atividades de profissionais e de pesquisadores independentes entre si, mas presentes no mesmo campo e produzindo efeitos de modo articulado e complementar[20]. Além disso, é importante destacar que, em qualquer uma dessas modalidades, as populações envolvidas participam de modo mais ou menos ativo como pesquisadores "não profissionais".

5 A convergência com o pensamento social crítico latino-americano

É certo que a PST desenvolveu-se no Brasil a partir dos problemas que afligiam os trabalhadores, e que estes estavam relacionados ao contexto nacional da segunda metade do século XX. Mas também é certo que não eram tempos de normalidade da ordem institucional democrática na América Latina. Se entre as décadas de 1960 e de 1980 o Brasil estava sob o governo de uma ditadura militar, grande parte dos países da América Latina também vivia sob algum tipo de regime autoritário ou estava em guerra civil. Esse contexto certamente demandava um posicionamento de psicólogos, muitos dos quais não se calaram perante as injustiças, misérias e violências que afetavam as sociedades latino-americanas nesse período.

Em tempos de totalitarismos e suas atrocidades, era evidente o imperativo ético ao qual está submetido o cientista social que, "ao enfrentar certas 'situações-limite' [...], se verá obrigado a optar entre a falsa neutralidade ou a beligerância ética que nasce da indignação diante dos horrores deste mundo" (Blanco & De la Corte, 2003, p. 9). Foi naquele contexto que emergiu com vigor um pensamento social que há muito vinha sendo produzido (e silenciado) na América Latina. Trata-se do chamado pensamento social crítico latino-americano (Sader & Gentili, 2011), cuja principal característica é a crítica às explicações eurocêntricas sobre as realidades vividas nos nossos países e a busca por leituras originais e inovadoras, produzidas desde cada realidade social específica.

> Durante o século XX, o pensamento crítico latino-americano foi se desenvolvendo graças ao árduo trabalho de alguns intelectuais que começaram a reinterpretar

---

20. O capítulo 5 trata especificamente da pesquisa e intervenção em Psicologia Social do Trabalho e traz exemplos atuais.

> nossa história à luz de suas particularidades e idiossincrasias. Muitas gerações de pensadores sociais [...] foram construindo a história de nossos países com leituras originais e inovadoras. [...] No contexto das grandes e turbulentas mudanças pelas quais a América Latina e o mundo passaram durante as últimas décadas, não podemos deixar de nos questionar sobre os supostos teóricos que deveriam orientar hoje nossas reflexões e estudos, dando continuidade ao esforço analítico dos responsáveis por tornar o pensamento crítico uma fonte de inspiração regional, inovadora e criativa (Sader & Gentilli, 2011, p. 22).

Para além do pensamento social próprio e autônomo, esse movimento trouxe consigo o tema do compromisso ético e político do pesquisador social. O questionamento da ordem estabelecida, produtora da injustiça social em nossas sociedades, impõe assim uma atitude não conformista ao cientista e profissional social, como nos fala Carlos Altamiro, ao explicar que:

> [...] a expressão do pensamento crítico é moderna e indica um discurso que, em forma de tese, do ensaio, do panfleto ou artigo põe em questão uma ordem estabelecida (ou uma instituição central dessa ordem), em nome de determinados valores, no geral, os da verdade e da justiça. De acordo com este critério, o oposto do pensamento crítico é o conformismo, cínico ou resignado, e a ideologia que emana dos poderosos e de suas dependências (Altamiro, 2011, p. 22).

A PST no Brasil está, assim, tanto em consonância com o Pensamento Social Crítico Latino-americano quanto com vários outros movimentos da Psicologia Social na América Latina, tais como: Psicologia Social Comunitária (Montero, 2004); Psicologia da Libertação (Martín-Baró, 1986); Psicologia Social Crítica (Montero, 2011). Em comum, tais movimentos buscam se afastar da perspectiva positivista. Essas propostas da Psicologia Social estão inseridas na vertente que Robert Farr (2004) define como "sociológica", bastante influenciada pelas teorias das Ciências Sociais. Essa Psicologia Social – crítica – apontou as limitações daquela outra Psicologia Social – positivista, hegemônica e individualista –, principalmente quanto à sua incapacidade para o exame das realidades latino-americanas. Tais limitações aludem, sobretudo, aos pressupostos metateóricos de abstração, universalidade e atemporalidade que caracterizam o positivismo, e que podem ser resumidos como a pretensão de "formular leis gerais", explicativas e preditivas dos acontecimentos psicossociais. De acordo com Maritza Montero:

> A Psicologia Social Crítica teve seu início no fim dos anos de 1960, quando alguns psicólogos sociais na Europa e Estados Unidos buscavam produzir formas de conhecer e interpretar a sociedade que permitissem trabalhar de maneira efetiva sobre os problemas que a afligiam. Foi também quando, na América Latina, começava a existir um inconformismo com uma psicologia acadêmica incapaz não só de solucionar problemas sociais, mas até mesmo de reconhecê-los como objeto de estudo. Nesse período, a obra transformadora e crítica de Paulo Freire, assim como os trabalhos inovadores da Sociologia Crítica, já faziam sentir suas conquistas (Montero, 2011, p. 90).

As contradições da Psicologia Social passaram a ficar mais evidentes a partir do reconhecimento do caráter político das consequências das práticas psicológicas. Portanto, a construção da identidade dos psicólogos sociais latino-americanos foi atravessada por seu compromisso com a práxis e impulsionada pela contestação da situação de opressão sofrida pelos povos da sua região (Lima, Ciampa & Almeida, 2009).

Injustiça, pobreza e violência constituem o "tridente letal" que Ignácio Martín-Baró, um dos autores fundadores dessa perspectiva, utilizou para caracterizar as sociedades latino-americanas. Diante da violência policial e militar, da miséria ou da exclusão perante os direitos civis, ele pensava que os psicólogos deveriam tomar uma posição ética e assumir uma postura crítica. Tratava-se de optar pelos mais pobres e oprimidos, de comprometer-se com a liberdade, com a justiça e com a equidade para "acompanhar as maiorias pobres e oprimidas em sua luta por constituir-se como povo novo em uma terra nova" (Martin-Baró, 1998, p. 77). Contudo,

> não se trata de abandonar a Psicologia; trata-se de colocar o saber psicológico a serviço da construção de uma sociedade onde o bem-estar da minoria não se assente

> sobre o mal-estar da maioria, onde a realização de uns não requeira a negação dos outros, onde a ganância de poucos não exija a desumanização de todos (Martin-Baró, 1998, p. 77).

Segundo Amálio Blanco e Luis de la Corte (2003, p. 11), essa formulação de uma psicologia optante pelas lutas das maiorias populares, comprometida com as necessidades dos trabalhadores e informada pela sociologia do conflito, inscreveu a Psicologia Social Latino-americana no avanço do Pensamento Social Crítico Latino-americano. Assim, a psicologia "da libertação" continuava e agregava força à sociologia "da dependência", à pedagogia "do oprimido", à teologia "da libertação", à medicina "social", ao teatro "popular" etc.

Embora não tenha sido influenciada diretamente por esse movimento da psicologia que ocorria em outros países latino-americanos, a PST constituída no contexto brasileiro converge para esse vértice do pensamento e da práxis sociais que conjuga rigor e compromisso, objetividade e posicionamento. Rigor científico com compromisso ético para o exame objetivo dos condicionantes da realidade laboral cotidiana, visando desenvolver métodos de pesquisa e de intervenção com objetivo explícito de contribuir com a transformação dessa mesma realidade, tomando partido em prol dos trabalhadores e produzindo crítica audaz.

Em defesa e contra o ataque positivista à tese do compromisso ético do cientista social com as maiorias populares, Martín-Baró respondeu:

> Em minha opinião, o conflito entre ciência e compromisso se baseia em uma falsa colocação [...]. A parcialidade que sempre supõe uma tomada de posição não tem por que eliminar a objetividade. Resulta absurdo e ainda aberrante pedir imparcialidade a quem estuda a drogadição, o abuso infantil ou a tortura. O que pode e se deve pedir é que analisem estes fenômenos com todo o rigor e com abertura total aos dados da realidade (Martín-Baró, 1998, p. 332).

As afirmações de Martin-Baró – especificamente sobre o trabalho – mostram a afinidade da Psicologia Política que defende com a Psicologia Social do Trabalho. Diz ele:

> Uma psicologia política do trabalho na América Latina deveria prestar uma atenção muito particular aos aspectos críticos do sistema de trabalho imperante. Em outras palavras, deveria examinar com novos olhos a forma de agir dos setores discriminados, dos marginalizados e desempregados, dos explorados e reprimidos. Enxergá-los não como objetos, mas como sujeitos sociais: como diria Ramsay Liem (1988), não tanto como vítimas de um sistema, que o são, mas como críticos desse sistema (Martín-Baró, 1989/2014, p. 621).

Em consonância com essa abordagem, pode-se dizer que o que caracteriza a PST é a busca permanente por um olhar crítico (não naturalizador) para o universo social e para seus fenômenos macro ou microestruturais, sistêmicos ou locais, históricos ou cotidianos. Assim, toma-se como pano de fundo o fato de o mundo do trabalho no contexto capitalista se configurar por um conflito essencial de interesses entre os trabalhadores e quem compra seu trabalho – ou, como preferem alguns, o conflito entre capital e trabalho. Tal oposição de interesses é tomada como estruturante das relações sociais e, sobretudo, das relações de trabalho.

Apoiados nas estruturas sociais, os aspectos específicos da vivência cotidiana dos trabalhadores também ganharam relevância. Peter Spink, em um dos textos fundadores da PST (Spink, 1996), questiona o papel da psicologia em relação aos fenômenos relativos ao trabalho e propõe o seu estudo a partir das ações e dos sentidos construídos no dia a dia, com ênfase maior nos processos do que nas estruturas. Essa compreensão tem importantes consequências para os métodos de pesquisa e de intervenção. Além de definir os objetos e o desenho da pesquisa a partir da perspectiva dos trabalhadores, ela coloca o foco no cotidiano, nos microlugares, nas microinterações e no campo psicossocial mutuamente compartilhado (Spink, 2003), sem, no entanto, perder de vista a relação dos fenômenos estudados com o contexto social mais amplo. Daí a adoção, pela PST, de diversas categorias interpretativas, tais como "poder", "negociação", "interesse", "posição", "conflito", "contradição", "cotidiano", "identidade" etc.[21]

Esse enfoque possibilitou à PST estabelecer um fecundo diálogo com outras áreas do conhecimento, especialmente as ciências sociais, buscando "uma complementaridade integrativa entre os conceitos de pessoa e processos sociais em vez do distanciamento provocado pelo binômio tradicional indivíduo-sociedade" (Spink, 1996, p. 177). Com isso, visa-se, primeiro, escapar do "reducionismo psicologista", ou seja, da redução dos processos psicossociais a automatismos de caráter psicológico, e, segundo, assegurar a presença de categorias estruturais (o "conflito de classes", p. ex.) e de sentido ("discurso", p. ex.) na leitura psicossocial da vida laboral cotidiana. No conjunto, o objetivo foi substituir explicações psicologistas causais, baseadas em supostas "leis gerais do comportamento" ou unicamente em processos intrapsíquicos, por explicações psicossociais intencionais, que preservam o caráter político e significante das ações humanas, entendidas não mais apenas como reações a contingentes imediatos, mas sobretudo como produtoras de sentidos e significados que tornam compreensível a vida cotidiana.

Finalizando: em busca de uma síntese dos fundamentos das práticas em Psicologia Social do Trabalho

Apresentaremos abaixo uma tentativa de síntese sobre as escolhas realizadas durante os últimos anos que ajudaram a conformar a PST.

Compromisso ético com os trabalhadores

A substituição de pretensões de neutralidade e imparcialidade pelo compromisso ético, consciente e intencional com os trabalhadores na pesquisa e na prática profissional gera um fundamento em PST. Especificamente sobre o falso dilema entre parcialidade e objetividade na pesquisa Ignácio Martín-Baró (1986) afirma:

---

21. O capítulo 4 é dedicado à apresentação de algumas ferramentas teóricas que embasam a Psicologia Social do Trabalho.

> Pressupõe-se que, ao tomar partido, se abdica da objetividade científica, confundindo deste modo a parcialidade com a objetividade. Que um conhecimento seja parcial não quer dizer que seja subjetivo; a parcialidade pode ser consequência de interesses, mais ou menos conscientes, mas também pode ser uma opção ética. E enquanto todos nós estamos condicionados por nossos interesses de classe, que parcializam nosso conhecimento, nem todos nós realizamos uma opção ética consciente que assume uma parcialização coerente com os próprios valores (Martín-Baró, 1986, p. 228).

Reconhecimento dos trabalhadores enquanto sujeitos sociais cognoscentes

Tal reconhecimento implica a legitimação não apenas do conhecimento autóctone e tácito dos trabalhadores sobre sua realidade sociolaboral, mas também, e mais importante, da capacidade para pesquisarem e atuarem sobre sua própria realidade em parceria com profissionais e acadêmicos.

Assim, nas práticas de pesquisa e de intervenção, parte-se do pressuposto de que a construção do conhecimento acontece a partir da perspectiva dos pesquisados e em parceria com eles. Nas palavras de Orlando Fals Borda, um dos formuladores da IAP (Investigação Ação Participativa), "participar é, portanto, o rompimento voluntário e vivencial da relação assimétrica de submissão e dependência, implícita no binômio sujeito/objeto" (Fals-Borda, 1985, p. 130).

A compreensão do trabalho a partir de categorias estruturais e de processos simbólicos

Essa opção aproxima a PST das perspectivas sociológicas que entendem que o trabalho, na sociedade capitalista, se dá em um contexto essencialmente conflitivo, como também afirma o caráter significativo (político, intencional e ideológico) de toda ação humana. Em outras palavras, não apenas se assume o caráter operativo e analisador de categorias sociais como conflito, poder, negociação etc., mas assume-se que essas são revestidas de intenções, sentidos e significados para os sujeitos sociais.

O reconhecimento da existência não apenas do "real", mas também do que é "possível", embora negado pelas circunstâncias atuais

Toma-se o mundo real do trabalho como pano de fundo, mas também se reconhece a existência simbólica do "possível" (sonho, projeto ou utopia), bem como de certa classe de ações humanas (aquelas que pretendem mudar a realidade) como teleológicas, ou seja, como ações presentes contratadas pelo futuro almejado, tornando-o real ou aproximando-se disso. Assim, além do exame objetivo das condições sociolaborais às quais os trabalhadores estão submetidos no presente, inclui-se suas aspirações e reivindicações – enfim, tudo aquilo que tenha potencial de construir um futuro melhor.

A manutenção do foco de análise na tensão dialética entre o concreto e o abstrato, o particular e o universal, o temporal e o atemporal

Seja na prática profissional ou na pesquisa, isso significa, de um lado, abdicar da pretensão de identificar e formalizar leis e princípios universais e absolutos e, de outro lado, assumir uma leitura sócio-histórica na qual o concreto-particular-cotidiano ajuda a entender o abstrato-universal-histórico, e vice-versa. O filósofo argentino-mexicano Horacio Cerutti, sentindo-se convocado a filosofar a realidade latino-americana, afirmou que:

> Parece que a "realidade" a pensar, aquela que vem sendo e segue sendo objetivo do pensar latino-americanista, é, por assim dizer, uma porção de realidade que, sem desgarrar-se do todo, permite captá-lo em sua maior plenitude [...]. Trata-se específica e prevalentemente da realidade social, histórica, cultural e política, que é uma só realidade com diferentes facetas [...], a realidade histórica. Porém, não uma realidade histórica hipostasiada ou afastada da história concreta, mas submersa na historicidade. É a realidade cotidiana, a do mundo de todos os dias (Cerruti, 2000, pp. 49-50).

Para finalizar este capítulo, devemos dizer que esta foi uma primeira tentativa na direção de sistematizar e evidenciar as escolhas que conformaram a PST e, por isso mesmo, deve ser tomada como preliminar, sujeita a omissões e imperfeições. Ademais, é uma das muitas histórias possíveis de uma Psicologia Social do Trabalho que se encontra em construção de modo plural e coletivo, fruto da ação de muitos psicólogos sociais dedicados às questões do mundo do trabalho. Peter Spink (2009), ao utilizar a metáfora de uma *colcha de retalhos* coletiva para referir-se à história, diz que:

> Recuperar a versão positiva e coletiva da construção da colcha também permite reconhecer que não há "uma única colcha" a ser bordada, porque nunca haverá uma história verdadeira; sempre haverá histórias possíveis. O importante é a produção coletiva buscando os encaixes entre um retalho e outro; um quebra-cabeça sem desenho *a priori* cujo desenho final será um entre outros possíveis; produto da coletividade participante (Spink, 2009, p. 231).

Portanto, este capítulo parece ser o espaço mais adequado não para encerrar ou definir, mas para, a partir da explicitação destas escolhas, iniciar um debate sobre as características da Psicologia Social do Trabalho que queremos seguir construindo. É hora de aplicarmos a perspectiva teleológica à própria PST não só para sabermos quem somos e o que fazemos, mas para definirmos quem queremos ser. Alguns questionamentos, que precisam ser refeitos periodicamente, podem nos ajudar nesta árdua, mas necessária tarefa: Qual é a práxis da Psicologia Social do Trabalho? Como ela produz conhecimento? Como produz mudança sociolaboral? Como este conhecimento é compartilhado? Afinal, a que e a quem serve a Psicologia Social do Trabalho?

Referências

ADS (2000a). *Sindicalismo e economia solidária: reflexões sobre o projeto da CUT*. São Paulo: ADS/CUT.

ADS (2000b). *Sindicalismo e economia solidária: debate internacional*. São Paulo: ADS/CUT.

ADS (2002). *A comercialização na economia solidária*. São Paulo: ADS/CUT.

Altamiro, C. (2011). Interrogando o pensamento crítico latino-americano. *Cadernos do Pensamento Crítico Latino-americano* (p. 22). São Paulo: Flacso/Fórum.

Andrada, C. F. (2013a). Encontro da política com o trabalho: um estudo psicossocial sobre autogestão a partir da experiência das cooperadas da Univens. *Otra Economía, 7*(12), 45-65.

Andrada, C. F. (2013b). Trabalho e política no cotidiano da autogestão: o caso da rede Justa Trama (Tese de doutorado). Instituto de Psicologia, Universidade de São Paulo: São Paulo.

Azevedo, A. F. Z., Feijó, C., & Coronel, D. A. (2013). *A desindustrialização brasileira*. São Leopoldo/RS: Editora Unisinos. 248 p.

Batista, P. N. (1994). *O Consenso de Washington: a visão neoliberal dos problemas latino-americanos* [mimeo.]. Recuperado em 20 de outubro, 2014, de http://www.fau.usp.br/cursos/graduacao/arq_urbanismo/disciplinas/aup0270/4dossie/nogueira94/nog94-cons-washn.pdf

Becker, H. S. (1999). *Métodos de pesquisa em ciências sociais* (4a ed.). São Paulo: Hucitec.

Blanco, A., & De la Corte, L. (2003). Psicología Social de la violencia: introducción a la perspectiva de Ignácio Martín-Baró (Introducción). In: Ignácio Martin Baró. *Poder, ideología y violencia* (pp. 9-62). Madri: Trotta.

Brasil (1986). *Relatório Final da 8ª Conferência Nacional de Saúde*. Recuperado em 1º de junho, 2014, de http://www.conselho.saude.gov.br/biblioteca/Relatorios/relatorio_8.pdf

Burawoy, M. (2005). For public sociology. *American Sociological Review, 70*(1), 4-28.

Burke, P. (Org.) (1992). *A escrita da História: novas perspectivas*. São Paulo: Ed. Unesp.

Carvalho, M. C. R. G. (1981). *Fábrica: aspectos psicológicos do trabalho na linha de montagem* (Dissertação de Mestrado). Instituto de Psicologia, Universidade de São Paulo: São Paulo.

Cerruti, H. (2000). *Filosofar desde nuestra América. Ensayo problematizador de su modus operandi*. México/DF: Unam.

Crepop (2008). *Saúde do Trabalhador no âmbito da Saúde Pública: referências para a atuação do(a) psicólogo(a)*. Brasília: CFP.

Dowbor, L. (2002). *O que acontece com o trabalho?* São Paulo: Senac.

Fals-Borda, O. (1985). *Conocimiento y poder popular. Lecciones con campesinos de Nicaragua, México y Bogotá*. Bogotá: Siglo XXI.

Farr, R. (2004). *As raízes da psicologia social moderna*. Petrópolis: Vozes.

Freire, P. (1970). *Pedagogia do oprimido*. Rio de Janeiro: Paz e Terra.

Freire, P. (1981). Criando métodos de pesquisa alternativa: aprendendo a fazê-la melhor através da ação. In: Brandão, C. R. (Org.). *Pesquisa participante* (pp. 34-41). São Paulo: Brasiliense.

García, J. C. (1983). La categoría "trabajo" en la medicina. *Cuadernos Médico Sociales, 23*, 5-19.

Guimarães, G. (1999). Uma cidade para todos. In: Guimarães, G. (Org.). *Integrar Cooperativas* (pp. 5-10). São Paulo: Unitrabalho, CNM-CUT.

Laurell, A. C., & Noriega, M. (1989). *Processo de produção e saúde: trabalho e desgaste operário*. São Paulo: Cebes-Hucitec.

Leite, M. de P. (2009). A economia solidária e o trabalho associativo: teorias e realidades. *RBCS, 24*(69), 31-51.

Lewin, K. (1965). *Teoria de campo em Ciência Social*. São Paulo: Pioneira.

Lima, A. B., & Oliveira, F. (1995). Abordagem psicossocial da LER: ideologia da culpabilização e grupos de qualidade de vida. In: Codo, W., & Almeida, M. C. C. G. (Orgs.). *LER: diagnóstico, tratamento e prevenção – uma abordagem interdisciplinar* (pp. 136-162). Petrópolis: Vozes.

Lima, A. F., Ciampa, A. C., & Almeida, J. A. M. (2009). A psicologia social como psicologia politica? A proposta de psicologia social crítica de Sílvia Lane. *Psicologia Política, 9*(18), 223-236.

Martín-Baró, I. (1986). *Hacia la psicología de la liberación*. San Salvador: UCA Editores.

Martín-Baró, I. (1989). Psicologia Política do Trabalho na América Latina (2014, Fernando Lacerda Jr., trad.). *Psicologia Política, 14*(30), 609-624.

Martín-Baró, I. (1998). *Psicología de la liberación*. Madri: Trotta.

Mattoso, J. (1999). *O Brasil desempregado: como foram destruídos mais de 3 milhões de empregos nos anos 90*. São Paulo: Perseu Abramo.

Mello, S. L. (1985). *Sobrevivência no campo e na cidade segundo relato de mulheres de periferia* (Tese de Livre-Docência). Instituto de Psicologia, Universidade de São Paulo: São Paulo.

Montero, M. (2004). Relaciones entre Psicología Social Comunitaria, Psicología Crítica y Psicología de la Liberación: una respuesta latinoamericana. *Psykhe, 13*(2), 17-28.

Montero, M. (2011). Ser, fazer, parecer: crítica e libertação na América Latina. In: R. S. L. Guzzo, & F. Lacerda Jr. (Orgs.). *Psicologia social para a América Latina: o resgate da Psicologia da Libertação* (pp. 87-100). Campinas: Alínea.

Oddone, I., Re, A., & Briante, G. (1981). *Redécouvrir l'expérience ouvrière: vers um autre psychologie du travail.* Paris: Ed. Sociales.

Oliveira, F. de, Esteves, E. G., Bernardo, M. H., & Sato, L. (2015). Psychologie sociale du travail: rencontres entre recherche et intervention. *Bulletin de psychologie, 68*(536), 93-104.

Paulon, S. M. (2005). A análise de implicação como ferramenta na pesquisa-intervenção. *Psicologia & Sociedade, 17*(3), 18-25.

Pochmann, M. (2001). *O emprego na globalização: a nova divisão do trabalho e os caminhos que o Brasil escolheu.* São Paulo: Boitempo.

Ribeiro, H. P., Lacaz, F. A. C., Clemente, C. A., & Dutra, P. (2002). Entrevista: Herval Pina Ribeiro, Francisco Antonio de Castro Lacaz, Carlos Aparício Clemente e Pérsio Dutra falam sobre a história do Diesat. *Cadernos de Psicologia Social do Trabalho, 5*, 63-85.

Rocha, M. L., & Aguiar, K. (2003). Pesquisa-intervenção e a produção de novas análises. *Psicologia, Ciência e Profissão, 23*(4), 64-73.

Rodrigues, A. M. (2005). *Indivíduo, grupo e sociedade: estudos de psicologia social.* São Paulo: Edusp.

Rodrigues, I. J. (Org.). (1999). *O novo sindicalismo: vinte anos depois.* Petrópolis: Vozes.

Sader, E., & Gentilli, P. (2011). Interrogando o pensamento crítico latino-americano. *Cadernos do Pensamento Crítico Latino-americano* (p. 22), São Paulo: Flacso/Fórum.

Santos, V. G. R. dos (2014). Caso Riocentro – terror e violência no processo de abertura política brasileiro. *Revista Contemporânea, 1*(5), 1-27.

Sato, L. (1996). As implicações do conhecimento prático para a vigilância em saúde do trabalhador. *Cadernos de Saúde Pública* (Fiocruz), *12*(4), 489-495.

Sato, L. (2010). Psicologia, saúde e trabalho: distintas construções dos objetos "trabalho" e "organizações". In: Conselho Federal de Psicologia (Org.). *Psicologia crítica do trabalho na sociedade contemporânea* (pp. 41-53). Brasília: CFP.

Sato, L., Araújo, M. D., Udihara, M. L., Nicotera, F. N., Daldon, M. T. B., Settimi, M. M., & Silvestre, M. P. (1993). Atividade em grupo com portadores de LER e achados sobre a dimensão psicossocial. *Revista Brasileira de Saúde Ocupacional, 79*(21), 49-62.

Sato, L., Lacaz, F. A. C., & Bernardo, M. H. (2006). Psicologia e saúde do trabalhador: práticas e investigações na Saúde Pública de São Paulo. *Estudos de Psicologia, 11*(3), 281-288.

Seligmann-Silva, E., Deliá, A. A., Sato, L. (1985). *A saúde na área operativa do metrô de São Paulo. Relatório de Pesquisa*. São Paulo: Diesat.

Senaes (2006). *Atlas da economia solidária no Brasil – 2005*. Brasília: MTE.

Singer, P. (1998). *Globalização e desemprego: diagnóstico e alternativas*. São Paulo: Contexto.

Singer, P. (2006). A experiência brasileira da Senaes. In: França Filho, G., Laville, J.-L., Medeiros, A., & Magnen, J.-P. (Orgs.). *Ação pública e economia solidária: uma perspectiva internacional* (pp. 201-206). Porto Alegre: Ed. UFRGS.

Souza, A. R. de (2003). Economia Solidária: um movimento nascente da crise do trabalho. In: André R. de Souza; Gabriela C. Cunha; Regina Y. Dakuzaku (Orgs.). *Uma outra economia é possível: Paul Singer e a Economia Solidária* (pp. 27-44). São Paulo: Contexto.

Souza, A. R. de (2011). Um exame da economia solidária. *Otra Economía, 5*(9), 173-184.

Spink, M. J. P., & Spink, P. K. (2007). A psicologia social na atualidade. In: A. M. Jacó-Vilela, A. A. L. Ferreira, & F. T. Portugal (Orgs.). *História da psicologia: rumos e percursos* (pp. 565-585). Rio de Janeiro: Nau.

Spink, P. K. (1989). A forma do informal. *Psicologia & Sociedade, 4*(7), 99-107.

Spink, P. K. (1992). Saúde mental e trabalho: o bloqueio de uma prática acessível. In: F. C. B. Campos (Org.). *Psicologia e saúde: repensando práticas* (pp. 91-102). São Paulo: Hucitec.

Spink, P. K. (1996). Organização como fenômeno psicossocial: notas para uma redefinição da psicologia do trabalho. *Psicologia & Sociedade, 8*(1), 174-192.

Spink, P. K. (2003). Pesquisa de campo em psicologia social: uma perspectiva pós-construcionista. *Psicologia & Sociedade, 15*(2), 18-42.

Spink, P. K. (2009). Microcadeias produtivas e a nanoeconomia: repensando o trabalho decente. *Cadernos de Psicologia Social do Trabalho, 12*(2), 227-241.

Verso (2002). Cadastro dos empreendimentos de coleta seletiva. *Relatório de Pesquisa*. São Paulo: Convênio Verso/ADS.

4
ALGUMAS FERRAMENTAS TEÓRICAS PARA O ESTUDO PSICOSSOCIAL DO TRABALHO: PRÁTICAS COTIDIANAS, PROCESSOS DE SIGNIFICAÇÃO E IDENTIDADES

Maria Chalfin Coutinho
Universidade Federal de Santa Catarina

Fábio de Oliveira
Universidade de São Paulo

Introdução

Ao focar o trabalho contemporâneo pelo olhar da Psicologia Social do Trabalho (PST), em intenso diálogo com o campo interdisciplinar de estudos do trabalho (especialmente com as ciências sociais, a filosofia e a ergonomia, como visto no primeiro capítulo deste livro), buscamos privilegiar as situações concretas em que o trabalho acontece, lócus de articulação entre os contextos macrossociais e os processos de subjetivação vividos pelos trabalhadores em suas diferentes experiências no trabalho. Na busca por compreender as situações reais e as peculiaridades dos inumeráveis modos de trabalhar[22] com as quais nos deparamos em nossas ativi-

22. Quando nos referimos a situações reais de trabalho e às peculiaridades características de nossos modos contemporâneos de trabalhar, consideramos importante situar o contexto no qual todos nos inserimos. Para tanto, cabe considerar o modelo de industrialização brasileiro, cujo histórico e configuração atual foram apresentados no capítulo 2 deste livro. As diversidades presentes nos modos de trabalhar brasileiros também nos remetem a inúmeras outras questões, entre as quais aquelas rela-

dades de pesquisa e intervenção, fomos levados a buscar algumas categorias teóricas que pudessem ajudar a desvelar os sujeitos em suas vidas no dia a dia do trabalho.

Entre as categorias teóricas com as quais temos dialogado, vamos apresentar neste capítulo aquelas que comparecem de modo recorrente nos estudos do campo da PST e que nos ajudam a compreender como se constituem o fazer no trabalho e os modos de subjetivação contemporâneos dos seus produtores. Essas ferramentas nos parecem particularmente fecundas para a compreensão dos modos como os sujeitos produzem e se constituem em seus cotidianos laborais. São elas: práticas cotidianas, processos de significação e identidades. Ao escrever este capítulo, o fazemos cientes da existência de inúmeras outras categorias que também buscam elucidar os enigmas do trabalho, de algum modo presentes nos outros capítulos deste livro[23].

A escolha dessas categorias teóricas busca dar conta de diferentes dimensões dos processos intersubjetivos em suas articulações com o mundo do trabalho, ao abarcar as práticas cotidianas efetivadas pelos sujeitos, os sentidos produzidos e as identidades forjadas a partir das vivências concretas. Mesmo cientes da inevitável imbricação dessas dimensões, optamos por analisar cada uma separadamente, iniciando com um breve panorama das possibilidades teóricas de cada noção para, depois, apresentar exemplos de como têm sido usadas em estudos empíricos de situações concretas de trabalho, as quais ilustram a diversidade dos contextos[24] em que têm sido desenvolvidos os estudos no campo da PST.

---

cionadas a ruralidades e informalidades discutidas nos capítulos 6 e 7, respectivamente.

23. No capítulo 3 são apresentados dois acontecimentos formadores da PST: a construção do campo da Saúde do Trabalhador e o desenvolvimento da Economia Solidária. Os dois campos abriram espaços de atuação profissional a partir da perspectiva da PST. Exemplos dessas experiências são apresentados no referido capítulo.

24. Cabe reiterar, como já apontado no primeiro capítulo deste livro, o lugar de destaque ocupado pelos estudos desenvolvidos em grandes empresas industriais e de serviços em contextos urbanos com foco no traba-

Interessa-nos apresentar as articulações entre a empiria e a teoria ao mostrar o quanto os conceitos utilizados têm sido construídos em um diálogo constante com as experiências dos trabalhadores. Assim, ao recorrermos a esses conceitos, os tomamos como ferramentas, usadas somente enquanto se mostrarem verdadeiras em suas relações com as experiências concretas, sem nunca as elevarmos a verdades absolutas a aplicar em qualquer situação. Ao assim nos posicionarmos, assumimos a provisoriedade das categorias adotadas, o que implica repensá-las em cada situação de pesquisa ou intervenção.

Práticas cotidianas e trabalho

De partida, devemos alertar que conceituar teoricamente o cotidiano não é uma tarefa simples, e o uso dessa perspectiva para compreender os acontecimentos da vida cotidiana no trabalho é, atualmente, um esforço em franca construção (Coutinho, Oliveira & Sato, 2016).

Há diversas abordagens teóricas para a apreensão do cotidiano e basta recorrermos à literatura que se dedicou a compilar os principais autores para constatar isso. Veja-se as sínteses que fizeram, por exemplo, Pais (2003), Tedesco (1999) e Gardiner (2000), e os panoramas teóricos que apresentam de autores tão diversos como Agnes Heller, Henry Lefebvre, Michel de Certeau, Michel Maffesoli etc.

Consideramos, em síntese, que o cotidiano refere-se aos acontecimentos corriqueiros do dia a dia, os quais, mesmo em sua singularidade, relacionam-se com os processos sociais mais amplos. Cabe pontuar, como faz Pais (2003, p. 81), que a vida cotidiana é marcada por regularidades, mas "é também espaço do ingovernável – de onde pode surgir o imprevisível, o aleatório, o imprevis-

---

lho urbano regulado quando da construção do campo da PST. Ainda hoje esses contextos são palco de estudos no campo, mas cada vez mais a PST tem ampliado o escopo de suas análises, com estudos focados numa diversidade de contextos e situações de trabalho. Os estudos apresentados ao longo do presente capítulo permitirão vislumbrar essa diversidade.

to". Do modo como usamos os talheres à mesa em um jantar à decisão de um operário de usar certa técnica para fazer um trabalho de usinagem a fim de resultar em menos retrabalho, podemos reconhecer a presença de outros detalhes (certa cultura de classe ou os saberes de ofício de certa profissão) que transcendem a situação imediata da ação em questão e que, ao mesmo tempo, podem ser atualizados de modo singular naqueles contextos específicos.

O estudo das práticas cotidianas na PST denota, particularmente, a sensibilidade para as distâncias entre o trabalho prescrito e o trabalho real, isto é, para a compreensão, que nos foi legada pela ergonomia, das lacunas existentes entre o que é planejado por trabalhadores e gestores e o que efetivamente é realizado no confronto entre os planos e a realidade concreta (Oliveira, 2014).

Assim, temos sido levados a conhecer o trabalho de perto, considerando que suas sutilezas podem ser facilmente deixadas de lado em troca de generalizações ou de abstrações, como é lamentavelmente o caso das análises que se limitam ao trabalho prescrito, isto é, à descrição genérica do que é feito em uma atividade específica. Ao criticar uma perspectiva de análise do trabalho limitada ao prescrito, Vieira, Barros e Lima (2007, p. 157) afirmam:

> essa perspectiva incorre em análises e conclusões problemáticas. A mera descrição de uma função não equivale àquilo que realmente é feito pelo trabalhador para alcançar os objetivos determinados. Aliás, a ergonomia tem sistematicamente demonstrado a necessidade de balizar a análise do trabalho através da premissa de uma distância inelutável entre um "conjunto de prescrições", também denominado trabalho prescrito, e aquilo que se faz, localizado no real da atividade de trabalho.

Nessa direção, consideramos que uma contribuição importante dos estudos sobre o cotidiano de trabalho tem sido a de transformar radicalmente a visão, acima criticada, da supremacia do prescrito sobre os trabalhadores. Vejamos o que afirmam Sato e Oliveira (2008, p. 195):

> O que a análise do cotidiano de trabalho revela é que a gestão é em si mesma um processo interativo e não apenas a aplicação de prescrições sobre outros. Na verdade, se considerarmos aquilo que as pesquisas em Psicologia Social do Trabalho têm apontado, gerir o trabalho revela-se não como simples prescrição e obediência, mas como a produção de uma existência negociada [...]. Ao fazer isso, desmascaram-se as falsas promessas das tecnologias de gestão. Elas podem e continuarão a ser usadas, mas ficam claros aqui os seus limites: as estratégias de controle têm continuamente como contraponto a astúcia daqueles que são seu objeto [...]. Uma psicologia social que se dedica a estudar o trabalho deve, afinal, ser um tanto subversiva: ao estudar a gestão, cabe-lhe revelar os mecanismos do poder; ao estudar os trabalhadores, mostrar seu papel ativo no trabalho e suas formas de resistência.

Por essa via, o estudo das práticas cotidianas no trabalho constitui-se como a investigação detalhada do trabalho real, daquilo que de fato acontece nas situações concretas de trabalho e da decorrente exigência de mediação humana. Esse tipo de investigação assume diversas formas, em disciplinas que vão da antropologia do trabalho à ergonomia da atividade, passando pela psicologia social e pelas clínicas do trabalho (Oliveira, 2014). Apesar das diferentes perspectivas teóricas e disciplinas científicas, podemos dizer que há uma convergência em torno do interesse pelas ações dos trabalhadores, pelas relações que estes estabelecem com seu meio de trabalho, pelos saberes coletivamente produzidos e pela dimensão micropolítica (o que inclui as negociações cotidianas, os processos de tomada de decisões, as assimetrias de poder, os mecanismos de controle e as ações de resistência).

O estudo das práticas cotidianas abre caminho para o interesse em questionar a inventividade dos trabalhadores na sua relação com o meio de trabalho: Como resolvem problemas, como fazem a mediação entre as intenções e a realidade material, como fazem o trabalho acontecer e defendem seus interesses ao mesmo tempo? (A preservação de sua saúde, p. ex.) Essa inventividade, além de ser um modo de imprimir no trabalho uma marca pessoal e coletiva, garante que os objetivos do trabalho se concretizem, tendo em vista os eventos imprevisíveis que caracterizam toda atividade de trabalho.

Sato, Bernardo e Oliveira (2008, n.d.), ao revisitarem três estudos sobre as práticas cotidianas de trabalhadores, concluem:

> Esses estudos apontam para a tensão entre as realidades de trabalho e a engenhosidade cotidiana necessária de que lançam mão os trabalhadores para fazer o trabalho acontecer. Essas realidades de trabalho aparecem para os trabalhadores por meio da articulação de variados elementos: as condições materiais, a maior ou menor assimetria das relações de poder, as possibilidades de agir autonomamente, os sentidos do trabalho.

Ao mesmo tempo, por agirem em estruturas sobre as quais têm pouco ou nenhum controle, considerando-se as assimetrias de poder em que o trabalho contemporâneo ocorre, os trabalhadores agem à maneira do "poder dos fracos", como bem retratado por Michel de Certeau na *Invenção do cotidiano* (Certeau, 1998), ou seja, transitam de forma tática por esses meandros, adaptando o que dispõem no momento às circunstâncias que aparecem diante de si. A esse respeito, Sato e Oliveira (2008) comentam, após analisarem um episódio cotidiano colhido em pesquisa da autora principal em uma fábrica de alimentos:

> mesmo em situações de heterogestão, os interesses, os pontos de vista e os limites subjetivos buscam espaços de expressão, ainda que de forma tática e astuciosa. Os trabalhadores procuram gerenciar o dia a dia de trabalho segundo a interpretação de regras e suas próprias avaliações, e buscam resolver os problemas que se apresentam dia após dia. As prescrições, as regras e os discursos são interpretados, e não meramente executados ou seguidos mecanicamente (p. 194).

Tomar as práticas cotidianas como ferramenta teórica para estudar o trabalho permite-nos vislumbrar na aparentemente banalidade dos acontecimentos da vida no trabalho os embates de poder que caracterizam a produção de mercadorias em uma sociedade como a nossa. Como afirmam Coutinho, Oliveira e Sato (2016),

> o estudo do cotidiano de trabalho abre a possibilidade de encontro com uma micropolítica na medida em que a atividade laboral é palco de conflitos e contradições de interesses distintos. Encontramos em Certeau (1998) as ferramentas conceituais adequadas para clarificar a dinâmica dessa micropolítica, pois, em contextos de assimetrias de poder, a ação dos trabalhadores acontece em espaços controlados por outros, de modo que as características táticas da "arte do fraco" fazem-se presentes como formas de resistir (p. 293).

Ainda com Sato e Oliveira (2008, p. 195), temos que "a gestão do trabalho não é feita apenas por aqueles que são reconhecidos como gestores": há uma gestão do cotidiano, feita pelos próprios trabalhadores, nos interstícios das estruturas sobre as quais eles não têm pleno controle e a partir de ações táticas para contornar as assimetrias de poder. Ao tratarem de um episódio cotidiano em uma fábrica, Sato e Oliveira (2008) analisam uma situação de heterogestão, geralmente presente em estudos desenvolvidos em empresas industriais ou de serviços, grandes e médias, nas quais, mesmo diante de forte prescrição do trabalho, evidenciam-se diferenças entre o prescrito e o real. Quando se analisam outras situações de trabalho nas quais a gestão acontece de modo mais compartilhado, como em algumas situações de trabalho informal ou rural (descritas nos capítulos 6 e 7) e, principalmente, nas experiências no campo da economia solidária (comentadas no capítulo 3), as diferenças entre o prescrito e o real não são tão evidentes.

O estudo do cotidiano de trabalho na Psicologia Social, em consonância com o que será apresentado no capítulo 5, privilegia-se das abordagens metodológicas qualitativas, incluindo as entrevistas em profundidade e os métodos etnográficos ou participativos. Descrevemos a seguir dois estudos que ilustram o recurso à análise das práticas cotidianas na Psicologia Social do Trabalho.

Leny Sato (2007) lança mão da perspectiva do cotidiano para analisar o funcionamento de uma feira livre. Como veremos no capítulo 7, existe no meio científico um recorrente "esquecimento" dos contextos de trabalho que não correspondem ao padrão fabril e que abrigam relações de trabalho distintas daquelas estruturadas em torno do assalariamento. A feira livre, assim como o trabalho informal, encontra-se à margem nesse sentido, pois se trata de um processo organizativo que escapa aos referidos modelos. Por isso o interesse em estudá-la.

Sato (2007) realizou um estudo etnográfico em uma feira de um bairro de classe média da cidade de São Paulo. Na "bagunça organizada" da feira (nas palavras de um dos feirantes), a pesquisadora encontrou uma organização em rede formada por unidades relativamente autônomas entre si e sem qualquer articulação que convergisse para um centro a partir do qual as ações se estruturassem. O funcionamento reticular organizava-se a partir de regras tácitas, que regulavam as relações entre as diversas barracas ou atividades econômicas empreendidas simultaneamente, no mesmo espaço público (diversas foram as atividades invisíveis identificadas no trabalho de campo), buscando resolver conflitos de fronteira, disputas por freguesas, ocupação dos espaços em comum etc. Na tensão entre cooperação e competição (Sato et al., 2011), os feirantes conferem ao fenômeno organizativo da feira livre eficiência, adaptabilidade e criatividade que lhe são características.

Um segundo exemplo que ilustra o recurso à investigação do cotidiano para a compreensão dos fenômenos do mundo do trabalho e suas dimensões psicossociais é a pesquisa feita por Coutinho, Diogo e Joaquim (2011). Em seu artigo, as autoras descrevem as implicações do trabalho para a saúde de servidores técnico-administrativos da área de manutenção de uma universidade pública federal. Esse grupo constitui, de modo geral, um segmento "invisível" dos trabalhadores das universidades, embora sua atuação na manutenção e na conservação do patrimônio palpável (incluindo reformas prediais, carpintaria, preservação de áreas verdes etc.) seja fundamental para o andamento das atividades propriamente acadêmicas. Ao mesmo tempo, as instituições brasileiras de ensino superior têm passado por diversas transformações em sua gestão e no modo como as atividades de trabalho em seu interior são organizadas, incluindo a terceirização de serviços variados e a adoção de procedimentos empresariais para o estabelecimento de metas e de sistemas de avaliação.

Nesse contexto, os trabalhadores, ao mesmo tempo em que se referem a seu trabalho como rotineiro, apontam a imprevisibilidade que caracteriza as atividades de manutenção e as dificuldades decorrentes para o planejamento do trabalho no dia a dia, o que tem por consequência uma série de sobrecargas à saúde. Eles relatam diversas inadequações das condições de trabalho relacionadas a pouca importância atribuída às suas tarefas e ao sucateamento do setor de manutenção na universidade, ligado diretamente à chamada Reforma do Estado. Destacam, nesse sentido, a própria invisibilidade diante da instituição e o não reconhecimento do que fazem. A essa condição marginal contrapõem-se diversas modalidades de companheirismo e práticas de auxílio mútuo, além de certo grau de autonomia na realização das tarefas, o que não se costuma encontrar no setor privado para atividades equivalentes.

Nos dois exemplos brevemente apresentados, a análise das práticas cotidianas permitiu o reconhecimento de facetas insuspeitáveis de duas diferentes realidades de trabalho existentes em várias regiões do país, como a auto-organização das feiras livres a partir de regras tácitas e as repercussões das transformações da gestão pública para a saúde de trabalhadores em um tipo de setor em franco desmonte nas universidades públicas. Em ambos os casos vale notar o papel ativo desempenhado pelos trabalhadores, mesmo em estruturas sobre as quais têm pouco controle.

Processos de significação no trabalho

A análise das práticas entrecruza-se com o estudo dos processos de significação no trabalho na medida em que a ação conjunta em contextos sociotécnicos é mediada simbolicamente. A ação, ela própria, produz sentidos e, ao mesmo tempo, é guiada por eles. Na verdade, a ação humana é sempre dotada de sentidos e, por esse prisma, ação e sentido são inseparáveis. Segundo Oliveira (2014, p. 46):

> o trabalho é espaço de produção intersubjetiva, no qual o simbólico faz a mediação entre pessoas e meio técnico; por isso, o foco nos processos construtivos, isto é, naquilo que se produz em termos simbólicos (sa-

beres coletivos, micropolítica) e materiais investidos simbolicamente (técnicas, formas de enfrentamento da realidade).

De todo modo, nas tradições de pesquisa em PST, muitos investigadores têm enfatizado a produção de sentidos privilegiando, na construção de seus objetos, as produções simbólicas que povoam os contextos de trabalho. Ao fazê-lo, recorrem a diferentes matrizes teórico-metodológicas. Tolfo, Coutinho, Baasch e Cugnier (2011) identificaram e analisaram as principais abordagens teóricas em Psicologia usadas em estudos sobre sentidos e significados do trabalho, particularmente aqueles efetivados no Brasil. São elas: cognitivista, construcionista, sócio-histórica, existencialista e os estudos culturais.

Ao concluírem, Tolfo et al. (2011) destacam como ponto comum entre as diferentes abordagens sobre sentidos e significados identificadas o fato de serem "produzidos pelos sujeitos a partir de suas experiências concretas com a realidade" (p. 30, tradução do original). De outra parte, apontam a necessidade de compreender as contradições presentes no trabalho e sugerem que "o diálogo com teorias críticas, como o construcionismo e a abordagem sócio-histórica, pode-se constituir em um fundamento consistente para os estudos sobre os processos de significação no trabalho" (p. 30).

Já podemos encontrar esse diálogo com as teorias críticas em estudos sobre os processos de significação no trabalho brasileiro[25]. A abordagem sócio-histórica, ou histórico-cultural, como alguns preferem nomear quando se trata dos estudos brasileiros ancorados em Vygotsky e seguidores, pode ser considerada como particularmente fecunda ao situar as necessárias articulações entre os âmbitos micro e macrossocial quando se analisam os processos de significação na vida cotidiana. A distinção e a articulação entre as duas categorias teóricas *sentido* e *significado*, tal como propõe Vygotsky (1934/1998), permite-nos compreender a dialética sujeito

25. Como exemplo de estudo situado na perspectiva construcionista está o de Dalmaso e Coutinho (2010), que será detalhado a seguir. Para exemplificar estudos ancorados na perspectiva sócio-histórica podemos citar Borges e Coutinho (2011) e Natividade e Coutinho (2012).

e sociedade. Em conhecido trecho, no qual atribui a Paulham a distinção entre *sentido* e *significado*, Vygotsky (1998) pontua o predomínio do primeiro sobre o segundo, e afirma:

> O sentido de uma palavra é a soma de todos os eventos psicológicos que a palavra desperta em nossa consciência. É um todo complexo, fluido e dinâmico, que tem várias zonas de estabilidade desigual. O significado é apenas uma das zonas do sentido, a mais estável e precisa. Uma palavra adquire seu sentido no contexto em que surge; em contextos diferentes, altera seu sentido. O significado permanece estável ao longo de todas as alterações de sentido. O significado dicionarizado de uma palavra nada mais é do que uma pedra no edifício de sentido, não passa de uma potencialidade que se realiza de formas diversas na fala (p. 181).

Ao apresentarem uma proposta metodológica para apreensão de sentidos presentes nos discursos de informantes de pesquisa, Aguiar e Ozella (2013) situam-se dentro do referencial teórico e metodológico acima apontado. Nessa perspectiva, concebem as categorias *sentido* e *significado* de modo articulado, visto que, mesmo sendo distintas, "não podem ser compreendidas descoladas uma da outra, pois uma não é sem a outra" (p. 304). Embora os significados tenham maior estabilidade que os sentidos, também se transformam (Aguiar & Ozella, 2013). Assim:

> Ao discutir significado e sentido, é preciso compreendê-los como sendo constituídos pela unidade contraditória do simbólico e do emocional. Dessa forma, na perspectiva de melhor compreender o sujeito, os significados constituem o ponto de partida: sabe-se que eles contêm mais do que aparentam e que, por meio de um trabalho de análise e interpretação, pode-se caminhar para zonas mais instáveis, fluidas e profundas, ou seja, para as zonas de sentido. Afirma-se, assim, que o sentido é muito mais amplo do que o significado, pois o primeiro constitui a articulação dos eventos psicológicos que o sujeito produz ante uma realidade [...]. A categoria sentido destaca a singularidade historicamente construída (Aguiar & Ozella, 2013, pp. 304-305).

Com isso, abre-se um vasto território de investigação, que abrange tanto os sentidos do trabalho, isto é, os modos como as pessoas interpretam e compreendem o trabalho, quanto os saberes produzidos para mediar a relação entre trabalhadores e os meios de trabalho. Vamos também aqui apresentar dois estudos para exemplificar algumas possibilidades empíricas neste campo.

Dalmaso e Coutinho (2010) detalham uma pesquisa realizada para compreender os sentidos produzidos por cobradores de ônibus sobre as tecnologias – especialmente as catracas eletrônicas – em seu cotidiano de trabalho. A investigação ancorou-se no referencial do construcionismo social e foi efetivada por meio de "um estudo de caso de cunho etnográfico com cobradores de uma empresa de transporte coletivo urbano" (p. 96), com uso de observações e entrevistas individuais.

A partir de procedimentos inspirados nos Mapas de Associação de Ideias, tal como propõe Spink (2010), Dalmaso e Coutinho (2010) identificaram duas categorias de análise: 1) os sentidos da implantação do sistema integrado de transporte coletivo e mudanças no trabalho decorrentes e 2) os sentidos sobre as tecnologias em uso no transporte. A primeira categoria refere-se às implicações das mudanças no processo de trabalho para os sentidos de ser cobrador. Com a cobrança automatizada, outras funções do profissional ganham relevância em relação à atividade de cobrar passagens, como auxiliar o motorista e relacionar-se com os usuários.

Quanto aos sentidos sobre as tecnologias, a investigação identificou dois grupos de tecnologias produtivas inseridas no cotidiano de trabalho dos cobradores: incorporadas e embarcadas. Os equipamentos incorporados "seriam partes essenciais do corpo do ônibus, como a direção, o motor e a porta, sendo uníssona sua avaliação positiva" (Dalmaso & Coutinho, 2010, p. 99). Já o uso das tecnologias embarcadas, caso da catraca eletrônica, engendraram práticas discursivas ambíguas, pois de um lado facilitam o trabalho – e assim são consideradas como boas –, mas, de outro, ao abrirem espaço para "o maior controle do processo de trabalho e a eminência da substituição do trabalho humano pela máquina" (Dalmaso & Coutinho, 2010, p. 100), são avaliadas negativamente.

Fábio de Oliveira (2007), por sua vez, estudou a produção de sentidos relacionados às cooperativas de trabalho no Brasil.

O autor entrevistou trabalhadores que eram sócios de diferentes cooperativas, procurando relacionar as vivências concretas em cada empreendimento com os sentidos produzidos pelos participantes. Apesar de diversas nuanças, foi possível identificar dois sentidos diferentes para o cooperativismo.

Nas cooperativas em que as relações de trabalho eram marcadas pela autogestão, o sentido do cooperativismo era o de superação da condição de empregado assalariado subordinado a um patrão. Já nas cooperativas em que as relações de trabalho não eram distintas daquelas vivenciadas em empresas tradicionais (por não haver participação na gestão e por não ser possível o reconhecimento de si mesmo como sócio de um empreendimento coletivo), o sentido do cooperativismo era a precarização. Isto é, esse tipo de vínculo de trabalho era reconhecido pelos trabalhadores não como uma condição distinta daquela do assalariamento, mas como o aprofundamento da precariedade desse tipo de relação de trabalho.

No atual contexto social, tem sido de grande importância a distinção entre cooperativas que trazem ao mundo da produção a experiência de relações de trabalho mais democráticas e aquelas cooperativas que são utilizadas como meio para a precarização do trabalho e para a burla da legislação trabalhista. Assim, uma leitura psicossocial dessas diferenças – que apresente as vivências de trabalho e os sentidos que produzem como critérios diferenciadores a guiar decisões políticas e legais em relação a esses empreendimentos – é uma contribuição valiosa da PST para o debate público sobre as cooperativas e os rumos atuais das relações de trabalho.

Práticas e sentidos, como vimos, estão fortemente relacionados. As vivências analisadas nas pesquisas descritas acima são produzidas em contextos materiais específicos e a partir de práticas cotidianas que lhes conferem forma e conteúdo. Os sentidos não são descolados dessas vivências; pelo contrário, retiram delas os elementos que os compõem. Do mesmo modo, os processos de constituição de subjetividades não acontecem à parte das experiências dos sujeitos. É o que veremos a seguir a partir da discussão dos processos identitários relacionados ao trabalho.

Identidades e trabalho

O debate em torno das relações entre as categorias teóricas *identidade* e *trabalho* remete à discussão sobre o lugar ocupado pelo trabalho na constituição dos sujeitos. Na impossibilidade de apresentar as inúmeras reflexões teóricas sobre a temática, vamos mencionar aqui algumas delas para introduzir o tema e, logo, trazer exemplos de estudos empíricos focados nos processos identitários em diferentes situações laborais.

Ao apresentarem algumas articulações possíveis entre identidade e trabalho na contemporaneidade, Coutinho, Krawulski e Soares (2007), a partir de Stuart Hall (2004), retomam a compreensão da identidade como um conceito "sob rasura", o qual deve ser repensado diante da complexidade do cenário social contemporâneo. Após revisitarem algumas teorias sociais sobre identidade, as autoras resgatam o conceito de identificação, oriundo da Psicanálise, para dar conta do estabelecimento dos processos identitários no atual contexto, em especial quando se analisa a multiplicidade de modos de trabalhar nos quais os sujeitos se inserem. Assim, as autoras afirmam:

> Entendemos que, apesar das dificuldades decorrentes deste contexto, a construção dos processos identitários pelos sujeitos ainda tem lugar, mesmo nas atuais relações de trabalho; certamente, são posições de sujeito transitórias e efêmeras, mas não é possível negar a coerência e a continuidade na história de vida de cada um (Coutinho, Krawulski & Soares, 2007, p. 35).

O questionamento a respeito das implicações para os processos identitários das transformações no trabalho contemporâneo foi também efetivado por Stecher (2011). Particularmente, o autor se interessa por apresentar e discutir duas teses que sustentam estudos e análises sobre as articulações entre identidade e trabalho, as quais foram formuladas, originalmente, a partir das realidades europeias ou estadunidenses, e que, entretanto, têm sido usadas como marco de referência para estudos latino-americanos.

A primeira tese questiona o lugar central tradicionalmente ocupado pelo trabalho – assalariado, típico do capitalismo industrial – como suporte identitário. A segunda tese apresenta a produção de novos modelos ou perfis de trabalhadores[26] em decorrência da emergência das empresas flexíveis e de seus esforços por modelar as identidades dos trabalhadores. Stecher (2011) alerta para os riscos de extrapolar, de modo linear, essas duas teses para o contexto latino-americano, em função da especificidade dos processos de modernização e da heterogeneidade dos modos de trabalhar aqui presentes, e reconhece "*a enorme centralidade que continua tendo o trabalho* na vida dos sujeitos da região" (p. 225, tradução do espanhol, grifos do autor). Na sequência, ele afirma:

> O estudo do trabalho e das identidades requer tomar distância tanto das posições que anunciam categoricamente o fim do trabalho como espaço articulador de identidades sociais no marco dos processos de flexibilização laboral [...] como das posições que reduzem a configuração das identidades laborais ao efeito das estratégias de regulação da identidade da nova empresa flexível em um momento de tempo dado (p. 225, tradução do espanhol).

O interesse em analisar a construção das identidades laborais do ponto de vista latino-americano ensejou a organização de uma seção especial da revista *Psykhe* de 2012. Ao apresentar essa seção, seu editor destaca a busca por revelar diferentes formas nas quais os sujeitos latino-americanos se constroem por meio do trabalho. Para tanto, compreende que

> a identidade no trabalho se refere aos processos subjetivos a partir dos quais os sujeitos atribuem continuidade e diferenciação à sua existência no marco de suas experiências laborais, outorgando sentido a suas práticas sociais. A construção identitária se ancora no social e, dependendo da perspectiva de análise, seus processos são preferencialmente narrativos, discursivos, de inte-

---

26. A partir de uma investigação realizada em um grupo industrial brasileiro, Coutinho (2006) discutiu as possibilidades de dominação subjetiva das organizações sobre os trabalhadores e, ao investigar as trajetórias de trabalhadores industriais, concluiu a inexistência de identidades homogêneas, o que sugere a capacidade de resistência dos trabalhadores às pressões por identificação.

> ração com as estruturas ou de ação no sistema. Insere-se nos espaços de fronteira e referência mútua entre as identidades, pessoais e coletivas, e sempre apela, simultaneamente, à herança e ao projeto (Larraín) (Soto, 2012, p. 3, tradução do espanhol).

Em artigo que encerra a mesma seção especial, Hernan Pulido-Martinez (2012) lembra que a identidade é um tema de interesse da psicologia convencional do trabalho desde o encontro entre o taylorismo e a Escola de Relações Humanas, nas primeiras décadas do século XX. Os estudos nessa vertente se voltam para resolver os problemas decorrentes da busca por produtividade e estão centrados na percepção dos indivíduos. A busca pela satisfação – ou, mais recentemente, pela felicidade – no trabalho compreende a identidade nas organizações laborais como um resultado e, por meio de intervenções focalizadas nos trabalhadores, abandona a análise do próprio trabalho e, assim, "deixa incólumes as condições objetivas de trabalho que têm sido construídas ao longo da história" (Pulido-Martinez, 2012, p. 78, tradução do espanhol).

Em contraposição à vertente convencional, Pulido-Martinez (2012) analisa os cinco artigos da seção especial e os situa no campo de uma psicologia crítica do trabalho. Esses artigos apresentam, de acordo com o autor, pesquisas nas quais a identidade é concebida "como resultado de um processo de interações sociais em diversos contextos e em particulares condições objetivas de trabalho" (p. 79, tradução do espanhol). Ao se distanciarem dos interesses gerenciais, esses estudos se colocam ao lado dos interesses dos trabalhadores. Pulido-Martinez (2012) conclui destacando a necessidade de estudos que rompam com as formas assimétricas de produção do conhecimento e favoreçam pesquisas nas quais os próprios trabalhadores produzam conhecimentos sobre suas próprias identidades.

As revisões aqui apresentadas situam o caráter processual das identidades, que se configuram de modos peculiares nos diferentes contextos e situações de trabalho. A seguir, apresentamos dois exemplos de pesquisas realizadas por pesquisadoras brasileiras (exemplos que revelam a diversidade dos modos de trabalhar presentes nos contextos rural e urbano do país) e apontamos os referentes teóricos sobre identidade a partir dos quais foram conduzidas essas investigações. Tal como outros estudos demonstrados ao longo do capítulo, escolhemos pesquisas que adotam uma postura crítica direcionada para o trabalho a partir do ponto de vista daqueles que o executam, na direção já apontada no capítulo introdutório do presente livro.

Alvaides e Scopinho (2013) buscaram compreender a contribuição da memória no processo de enraizamento e reconstrução da identidade social de trabalhadores rurais assentados com experiências de migração que os levaram ao desenraizamento e que, consequentemente, poderiam conduzi-los à fragmentação da identidade social. A partir de uma discussão teórica sobre memória, enraizamento e identidade, as autoras analisam a trajetória de vida de um trabalhador rural assentado, vinculado ao Movimento dos Trabalhadores Rurais Sem Terra (MST).

No que se refere ao conceito de identidade, Alvaides e Scopinho (2013) resgatam teóricos como Henri Tajfel, Erving Goffman e Antônio da Costa Ciampa. É principalmente a partir das concepções deste último que assentam suas análises sobre a trajetória de Seu Pedro, memorialista participante da pesquisa. As autoras tomam de Ciampa a noção de identidade social como "constituída por uma bricolagem de personagens, ou seja, momentos de identidade" (p. 290, destaque no original), os quais cristalizam as ações dos sujeitos. Portanto, o sujeito não é visto como algo estático, mas é metamorfose.

Com base no referencial escolhido, Alvaides e Scopinho (2013) analisam as lembranças narradas pelo trabalhador rural assentado. Para tanto, tomam como hipótese que sua memória "foi ressignificada pela vivência dos princípios organizativos preconizados pelo MST, o que proporcionou condições para o enraizamento e, consequentemente, para a reconstrução da identidade social" (p. 291). Após descreverem as diferentes personagens construídas por Seu Pedro ao longo da vida, analisam o quanto a leitura atual que faz de sua história é atravessada por suas vivências junto ao MST e seu modo de organização. Ao se reconhecer enquanto Sem Terra, Seu Pedro estabelece relações com as personagens que o constituíram em sua história, pois o "passado e o presente passaram a coexistir na identidade Sem Terra, influenciando-se mutuamente" (p. 295).

A pesquisa de Matos, Maia e Maciel (2012), por sua vez, investiga a identidade social de catadores de material reciclável que sobrevivem em condições de trabalho bastante árduas, mas que têm conseguido se organizar por meio de associações ou cooperativas inseridas em um movimento social mais amplo, o que favoreceria a ressignificação de suas identidades.

Tendo como referência Zygmunt Bauman, Matos, Maia e Maciel (2012, p. 241), incluem os catadores entre aqueles que não puderam escolher uma identidade, pois "vivem totalmente à margem da sociedade, excluídos da condição de experimentar uma individualidade, de compartilhar o espaço social" no qual pudessem construir seus processos identitários. As autoras dialogam também com outros autores em sua compreensão sobre identidade, em especial com Henri Tajfel, cuja teoria sobre identidade social centra-se na pertença grupal e destaca as diferentes posições ocupadas pelo indivíduo na sociedade.

Matos, Maia e Maciel (2012) analisam a identidade social dos catadores tendo como referência o sentimento de pertença grupal, e consideram o componente afetivo como um elemento importante nesse processo, mesmo diante das ambiguidades decorrentes de identidades sociais impostas ou não escolhidas. A pesquisa, efetivada por meio da técnica de grupos focais, propiciou às autoras constatar que os catadores "constroem sua identidade social a partir do reconhecimento e do sentimento de pertença ao seu grupo" (p. 244) e por meio do trabalho. Ao se identificarem com o seu grupo, em um processo de categorização social, tal como nomeia Tajfel, os catadores se diferenciam de outros grupos, situação assim resumida pelas autoras:

> Percebe-se o mecanismo de comparação/diferenciação dos catadores entre *Nós e Eles*, o reconhecimento de aspectos negativos no grupo, o desejo de deixar o grupo e a impossibilidade disso. Os catadores assumem a Identidade Social do grupo de trabalho, como preconizado por Tajfel (1982), mas essa é uma identidade imposta, no sentido de Bauman (2005), e há o desejo de pertença a outros grupos mais valorizados (2012, p. 245).

Os dois estudos aqui apresentados revelam o quanto a inserção coletiva é importante para trabalhadores com histórias de desenraizamento e humilhação, como no caso do trabalhador inserido no MST e dos catadores inseridos em organizações e movimentos sociais. Esses estudos reiteram o lugar ocupado pelo trabalho na constituição das identidades e revelam o quanto as peculiaridades das trajetórias laborais dialogam com os processos de constituição subjetiva.

Considerações finais

As ferramentas teóricas apresentadas neste capítulo, como dissemos no início, não esgotam as possibilidades de aproximação da Psicologia Social em relação aos fenômenos do mundo do trabalho. Pelo contrário, elas são apenas exemplos de como temos configurado o trabalho enquanto objeto de estudos a partir de uma perspectiva psicossocial. São caminhos de análise que se somam a diversos outros disponíveis e permitem vislumbrar parte de um campo de investigação que tem se desenvolvido muito rapidamente nas últimas décadas e que oferece um amplo horizonte de possibilidades de práticas de pesquisa e de intervenção, muitas das quais serão discutidas no capítulo 5 deste livro. No presente capítulo, trouxemos alguns exemplos de pesquisas apenas para fazer notar as dimensões intersubjetivas que pretendíamos destacar.

Ao apresentarmos a PST tendo como referência três dimensões intersubjetivas – as práticas cotidianas, os sentidos e as identidades –, fizemos escolhas com o propósito de ilustrar a complexidade da vida no trabalho tal como ela acontece, o trabalho real, a partir de suas peculiaridades. As três dimensões da vida humana escolhidas, deve-se salientar, articulam-se de modo irreconciliável. Práticas produzem sentidos, sentidos guiam práticas e ambas se articulam com as identidades que se produzem por meio da própria inter-relação entre as pessoas e o mundo. Isto é, apesar das diferentes ênfases que os estudos em PST conferem a essas dimensões da existência no trabalho, elas estarão presentes, ora como figura, ora como fundo, nos resultados de muitas das pesquisas que forem capazes de apreender seus objetos conservando sua complexidade. Corrobora com a ideia de complexidade constatar as inúmeras perspectivas teóricas associadas a cada uma das dimensões por nós analisadas, algumas delas vislumbradas por meio dos autores e das teorias referidos pelos estudos apresentados no capítulo. Nossa proposta, assinalada de início, foi a de apresentar algumas ferramentas teóricas em uso capazes de dar conta do real; conceitos e teorias válidos por serem úteis para apreender as subjetividades forjadas na vida cotidiana no trabalho.

Referências

Aguiar, W. M. J., & Ozella, S. (2013). Apreensão dos sentidos: aprimorando a proposta dos núcleos de significação. *Revista Brasileira de Estudos Pedagógicos, 94*(236), 299-322.

Alvaides, N. K., & Scopinho, R. A. (2013). De sem-terra a Sem Terra: memórias e identidades. *Psicologia & Sociedade, 25*(2), 288-297.

Borges, R. C. P., & Coutinho, M. C. (2011). Cenas de trabalho: a fotografia como recurso metodológico para expressar os sentidos do trabalho juvenil. *Arquivos Brasileiros de Psicologia, 63*(esp.), 38-48.

Certeau, M. (1998). *A invenção do cotidiano*. Petrópolis: Vozes.

Coutinho, M. C. (2006). *Participação no trabalho*. São Paulo: Casa do Psicólogo/All Books.

Coutinho, M. C., Diogo, M. F., & Joaquim, E. P. (2011). Cotidiano e saúde de servidores vinculados ao setor de manutenção em uma universidade pública. *Revista Brasileira de Saúde Ocupacional, 36*(124), 227-237.

Coutinho, M. C., Krawulski, E., & Soares, D. H. P. (2007). Identidade e trabalho na contemporaneidade: repensando articulações possíveis. *Psicologia & Sociedade, 19*(esp.), 29-37.

Coutinho, M. C., Oliveira, F., & Sato, L. (2016). Olhar o cotidiano: percursos para uma Psicologia Social do Trabalho. *Psicologia USP, 17*(2), 289-285.

Dalmaso, S. A. R., & Coutinho, M. C. (2010). Tecnologia e trabalho: sentidos produzidos no cotidiano do transporte coletivo. *Arquivos Brasileiros de Psicologia, 62*(3), 93-105.

Gardiner, M. E. (2000). *Critiques of everyday life*. Londres: Routledge.

Hall, S. (2004). Quem precisa da identidade? In: T. T. da Silva (Org.). *Identidade e diferença: a perspectiva dos Estudos Culturais* (3a ed., pp. 103-133). Petrópolis: Vozes.

Matos, T. G. R., Maia, L. M., & Maciel, R. H. (2012). Catadores de material reciclável e identidade social: uma visão a partir da pertença grupal. *Interação, 16*(2), 239-247.

Natividade, M. R., & Coutinho, M. C. (2012). O trabalho na sociedade contemporânea: os sentidos atribuídos pelas crianças. *Psicologia & Sociedade, 24*(2), 430-439.

Oliveira, F. (2007). Os sentidos do cooperativismo de trabalho: as cooperativas de mão de obra à luz da vivência dos trabalhadores. *Psicologia & Sociedade, 19*(esp.), 75-83.

Oliveira, F. (2014). Perspectivas psicossociais para o estudo do cotidiano de trabalho. *Psicologia USP, 25*(1), 41-50.

Pais, J. M. (2003). *Vida cotidiana: enigmas e revelações*. São Paulo: Cortez.

Pulido-Martinez, H. (2012). La investigación sobre la identidad en, para y por el trabajo en América Latina, como ejercicio crítico acerca del mundo laboral. *Psykhe, 21*(2), 77-85.

Sato, L. (2007). Processos cotidianos de organização do trabalho na feira livre. *Psicologia & Sociedade, 19*(esp.), 95-102.

Sato, L., Andrada, C. F., Évora, I. M. A., Neves, T. F. S., & Oliveira, F. (2011). As tramas psicossociais da cooperação e da competição em diferentes contextos de trabalho. *Arquivos Brasileiros de Psicologia, 63*(esp.), 2-14.

Sato, L., Bernardo, M. H., & Oliveira, F. (2008). Psicologia Social do Trabalho e cotidiano: a vivência de trabalhadores em diferentes contextos micropolíticos. *Psicología para América Latina, 15*(n.d.).

Sato, L., & Oliveira, F. (2008). Compreender a gestão a partir do cotidiano de trabalho. *Aletheia, 27*, 188-197.

Soto, A. (2012). Sección Especial: la construcción de identidades en el trabajo en América Latina. *Psykhe, 21*(2), 3-7.

Spink, M. J. P. (2010). *Linguagem e produção de sentidos no cotidiano*. Rio de Janeiro: Centro Edelstein de Pesquisas Sociais.

Stecher, A. (2011). Transformaciones del trabajo y procesos identitarios en el "nuevo" capitalismo: notas para una discusión en el contexto latinoamericano. In: B. Medrado, W. Galindo (Orgs.). *Psicologia Social e seus movimentos: 30 anos de Abrapso* (pp. 207-232). Recife: Abrapso/Editora Universitária da UFPE.

Tedesco, J. C. (1999). *Paradigmas do cotidiano: introdução à constituição de um campo de análise social.* Santa Cruz do Sul/RS: Edunisc.

Tolfo, S. R., Coutinho, M. C., Baasch, D., & Cugnier, J. S. (2011). Sentidos y significados del trabajo: un análisis con base en diferentes perspectivas teórico-epistemológicas en Psicología. *Universitas Psychologica, 10*(1), 175-188.

Vieira, C. E. C., Barros, V. A., & Lima, F. P. A. (2007). Uma abordagem da psicologia do trabalho na presença do trabalho. *Psicologia em Revista, 13*(1), 155-168.

Vygotsky, L. S. (1998). Pensamento e palavra. In: L. S. Vygotsky. *Pensamento e linguagem* (Tradução de Jefferson Luiz Camargo, pp. 149-194). São Paulo: Martins Fontes [Originalmente publicado em 1934].

5
PRÁTICAS EM PSICOLOGIA SOCIAL DO TRABALHO: PESQUISA E INTERVENÇÃO

Marcelo Afonso Ribeiro
Universidade de São Paulo

Fábio de Oliveira
Universidade de São Paulo

Marcia Hespanhol Bernardo
Pontifícia Universidade Católica de Campinas

Vera Lucia Navarro
Universidade de São Paulo

Após a apresentação das origens da Psicologia Social do Trabalho (PST), bem como de suas proposições teóricas, de suas abordagens metodológicas e de seu posicionamento ético-político, o presente capítulo busca introduzir e discutir as práticas de pesquisa e de intervenção[27] que a caracterizam, assinalando seus principais modos de inserção no campo do trabalho, os processos organizativos[28] e as possibilidades de atuação que permite vislumbrar.

---

27. A palavra "intervenção" tem uma tradição em psicologia para designar atividades práticas de extensão universitária ou profissionais e, aqui, será utilizada para nos referirmos às atividades voltadas para o enfrentamento de problemas humanos relacionados ao trabalho.

28. Concordamos com Peter Spink (1996) ao conceber a organização como processo ou fluxo de ações e de significados que engendram processos organizativos gerados no cotidiano, resultantes da dialética da relação entre as partes que constituem as estruturas em que o trabalho acontece. O autor critica o uso do termo "organizações" como uma estrutura-todo dentro da

O capítulo está organizado da seguinte forma: inicialmente, retomamos alguns princípios que guiam a pesquisa e a intervenção em PST, os quais incluem a perspectiva adotada para compreensão do mundo do trabalho, a relação com os envolvidos nas ações de pesquisa ou de intervenção e o compromisso político das práticas em PST.

Em seguida, postulamos a não separação entre pesquisa e intervenção e apresentamos essas ações a partir de exemplos concretos.

1 Alguns princípios que guiam a pesquisa e a intervenção em Psicologia Social do Trabalho

1.1 A perspectiva adotada para a compreensão do mundo do trabalho

No segundo capítulo deste livro foram apresentadas as principais características do trabalho na atualidade, com destaque para a intensificação da exploração e as diversas formas e contextos em que ela ocorre para além da imagem tradicional do trabalhador operário de fábrica. Por isso, a referência a "mundo do trabalho", e não a "mercado de trabalho", é um aspecto importante para nossa discussão.

Em seu livro *Mundos do trabalho*, o historiador Eric Hobsbawm (1987) retrata as experiências operárias em diferentes países e épocas, além das particularidades da capacidade de organização da classe trabalhadora, incluindo as formas não profissionais de organização dos despossuídos. O livro também aborda a questão da consciência de classe, o que unifica e o que divide a classe operária, sendo, portanto, uma referência importante para compreender o trabalho de forma mais abrangente, como atividade vital, huma-

---

qual os processos sociais e organizativos ocorrem, como se tivessem uma existência própria, predefinida e separada das partes que as compõem. Por esse motivo, utilizamos com mais frequência a expressão "processos organizativos" para enfatizar o caráter processual do cotidiano de trabalho nos mais diversos contextos e destacar o papel dos trabalhadores na constituição desse cotidiano.

na, consciente, intencional e não reduzida à esfera do mercado, na qual o que predomina é a relação de compra e venda da força de trabalho. Nessa perspectiva, considera-se tanto o trabalho produtivo nas suas diversas formas como o trabalho reprodutivo[29].

Ainda devemos destacar que o mundo do trabalho na contemporaneidade vem sofrendo mudanças que têm afetado sobremaneira os processos produtivos e a própria constituição da classe trabalhadora, que acaba se tornando mais heterogênea, mais diversificada e fragmentada. Assim, Ricardo Antunes (1999), buscando abranger essa diversidade, refere-se à classe trabalhadora como a "classe-que-vive-do-trabalho".

Considerando esses pressupostos, quando a PST passa a interrogar seriamente o trabalho como um fenômeno psicossocial e abandona o caráter instrumental das abordagens tradicionais, abre a possibilidade de confrontar as concepções hegemônicas. Nesse movimento, ela consegue reconhecer a diversidade de atividades laborais presentes na sociedade, como já apontou Peter Spink (2009). Trata-se de uma psicologia que considera o trabalho em suas diversas formas, incluindo, por exemplo, o olhar sobre o trabalho doméstico remunerado ou não, o trabalho nas ruas ou na área rural e inúmeras possibilidades dentro ou fora dos contextos formais e urbanos[30], além de também se interessar por outros aspectos, como os efeitos da organização do trabalho, do desemprego, do trabalho precário, entre outros na vida das pessoas.

Nota-se, assim, que a PST não restringe seu campo de pesquisa e de intervenção à empresa tradicional e ao mercado formal de trabalho, e a perspectiva crítica que adota se contrapõe às preocupações próprias da gestão de recursos humanos.

---

29. Cláudio Deddeca (2008) esclarece a diferença entre trabalho produtivo e reprodutivo: o trabalho produtivo é a modalidade de trabalho que gera bens ou serviços com valor econômico para o mercado, enquanto o trabalho reprodutivo é aquele que apoia o trabalho produtivo, em geral associado à esfera privada e familiar (p. ex., os afazeres domésticos, o cuidado em relação aos filhos, o cultivo de alimentos para subsistência).

30. Os capítulos 6 e 7 abordam algumas dessas formas de trabalho que não costumam ser tratadas pela Psicologia.

1.2 A relação com os trabalhadores

Ao se falar da prática do psicólogo social do trabalho, um aspecto importante a ser considerado é a relação que se estabelece entre eles e os trabalhadores. Conforme já apresentado no capítulo 3, o elemento central das experiências fundadoras da PST foi a realização de pesquisas e de intervenções engajadas nas lutas dos trabalhadores pela transformação das relações sociais de exploração e das condições materiais de trabalho, e não por demandas da gestão, como nos escritos clássicos de Elton Mayo (1933). Esse engajamento nas lutas dos trabalhadores ainda é uma característica que marca nossa perspectiva na atualidade.

Inspirados em Paulo Freire e considerando nossa relação com o trabalhador, podemos dizer que a intervenção possível é "aquela que tem de ser forjada com ele, não para ele" (Freire, 1968, p. 32), ou seja, pesquisa e intervenção sempre devem acontecer a partir de um movimento de aproximação direta com os trabalhadores, sem a intermediação da gestão[31], como destacado no capítulo 3 deste livro. A proposta aqui colocada, portanto, parte da concepção de que tanto o pesquisador/profissional psicólogo quanto os trabalhadores têm saberes e fazeres específicos a compartilhar, e ambos são significativos e importantes para a compreensão e a transformação dos contextos de trabalho. Desse modo, não se faz "pesquisa de" nem se faz "intervenção em", mas "pesquisa com" e "intervenção com".

Esse apontamento inicial é importante como forma de diferenciação em relação a algumas estratégias mais tradicionais de pesquisa e de intervenção na área da psicologia que tendem a considerar pessoas, grupos, comunidades e instituições como "objetos" em uma relação sujeito-objeto de caráter unilateral. Nesse tipo de relação pressupõe-se que o saber e o poder estão apenas de um lado, que seria o daquele que, supostamente, detém o conhecimento e que saberia o que é melhor para o outro. Hernán Pulido-Martinez (2009) indica que essa é uma característica

31. É importante marcar que, quando se fala em autogestão, esse "problema" não se coloca teoricamente.

histórica da atuação da psicologia no campo do trabalho, que tem sido convocada a buscar soluções para os problemas práticos que emergem da gestão. Tal característica induz a aceitação das condições laborais sem a possibilidade de questionamentos e reduz a atuação do psicólogo à realização de tarefas que atingem apenas a superfície dos problemas, em lugar de um tipo de prática que possa auxiliar os trabalhadores em suas lutas por melhores condições de trabalho e pela ampliação do poder que têm sobre sua própria atividade.

Diferentemente, um dos pontos de partida para uma prática com base no olhar que se pretende para a PST deve ser os problemas concretos vividos pelos trabalhadores em seu cotidiano. São problemas que precisam ser pesquisados visando à sua transformação, em uma clara e necessária interconexão entre as atividades investigativas e as práticas de intervenção. Como apontam Sato e Oliveira (2008), os contextos de trabalho são marcadamente políticos e, por isso, é fundamental identificar a complexidade do cotidiano do trabalho e a necessidade do reconhecimento do papel central dos trabalhadores na reivindicação e na produção de soluções para os problemas que emergem nesses contextos.

Em síntese, podemos indicar alguns dos motivos que conferem centralidade à participação dos trabalhadores nas atividades de pesquisa e de intervenção empreendidas pela PST que buscamos defender neste livro.

Primeiro, porque o reconhecimento de que a natureza do trabalho é complexa e não se revela pela simples observação indireta e ocasional. Compreende-se que uma ciência do trabalho, além de ser interdisciplinar, deve contar com a experiência daqueles que realizam as atividades que constituem o acontecer do trabalho.

Segundo, por termos aprendido que coletivos de trabalhadores produzem conhecimentos sobre sua atividade e vivenciam no cotidiano as contradições do sistema a que estão submetidos, de modo que essas produções intersubjetivas e simbólicas fazem parte de seu universo de trabalho.

Finalmente, porque compreendemos que os trabalhadores e trabalhadoras são atores políticos dos quais dependem as iniciativas de transformação das condições de trabalho, conforme já apontaram Oddone, Re e Briante (1981) e Oddone et al. (1986). Afinal, não há mudança que venha de cima; as mudanças dependem de negociações e da correlação de forças entre trabalho, capital e Estado[32].

1.3 O compromisso político das práticas em Psicologia Social do Trabalho

As práticas investigativas e interventivas no âmbito da PST visam auxiliar no enfrentamento das mazelas do capitalismo e na busca dos trabalhadores por autonomia nos mais variados contextos de trabalho, motivo pelo qual essas práticas frequentemente são críticas e denunciadoras da lógica capitalista, o que significa dizer que mesmo a atividade *científica* também é compreendida como atividade *política* (Greene, 1990).

Conforme Mészáros (2002), assistimos hoje a um processo de precarização/destruição da força humana que trabalha, e a uma crescente degradação/destruição do meio ambiente conduzida pela lógica expansionista, incontrolável do sistema do capital. Ainda nesse contexto, observamos o avanço insidioso da ideologia gerencialista, com profundas implicações na saúde dos trabalhadores (Chiavegato Filho & Navarro, 2012). Assim, como propõe Paulo Freire (1968, p. 9), cada pesquisador deve ser um "pensador comprometido com a vida: não pensa ideias, pensa a existência". Em nosso caso, isso significa pensar o cotidiano dos trabalhadores e, consequentemente, assumir um compromisso com a compreensão, a análise e o desenvolvimento das relações multidimensionais entre as pessoas e suas atividades, considerando os contextos macro e microssociais, além de um compromisso com a denúncia de condições e de modos de organização do trabalho geradores de impactos negativos para a vida e a saúde dos trabalhadores.

Bernardo, Garrido-Pinzón e Sousa (2013, p. 111) afirmam que "o trabalho dos profissionais comprometidos com a emancipação dos trabalhadores consiste em construir uma reflexão sobre as

---

32. O mesmo se aplica, p. ex., às iniciativas em Economia Solidária.

possibilidades de transformação social necessária para a construção de novas relações de trabalho nos contextos apresentados". Desse modo, a perspectiva que guia as atividades de pesquisa ou de intervenção pelo enfoque da PST é a de que não é possível ter uma postura pretensamente "neutra". Qualquer ação é sempre política, mesmo que seja uma pesquisa aparentemente simples, pois a suposta neutralidade serve apenas para reproduzir o *status quo*. Como nos lembra Isaac Prilleltensky (1994), quando não nos questionamos sobre a dimensão ético-política das nossas ações, acabamos trabalhando a favor de quem tem mais poder.

A afirmação dessa dimensão política é uma das características da pesquisa e da intervenção em PST. Conforme já afirmado no capítulo 3, adota-se um olhar crítico (problematizador e não naturalizador), tomando o contexto macroestrutural e a história do mundo do trabalho como pano de fundo para a compreensão dos fenômenos cotidianos vivenciados pelos trabalhadores, tendo como perspectiva a mudança das relações de exploração do trabalho.

2 Pesquisa e intervenção

Como já se afirmou em publicação recente (Oliveira, Esteves, Bernardo & Sato, 2015), intervenção e investigação em PST são indissociáveis. Assume-se que toda pesquisa é, em parte, intervenção, e que toda intervenção é, em parte, pesquisa. Assim, o ponto de partida para a pesquisa são os problemas concretos vividos no cotidiano pelos trabalhadores, e o processo investigativo deverá, de forma direta ou indireta, levar à reflexão e à possível construção de modos de enfrentamento, como visto no terceiro capítulo deste livro. Pode-se indagar, por exemplo, que sentido tem a geração de conhecimento sobre as vivências de trabalhadores em situações degradantes se não tivermos como horizonte a possibilidade de colaborar para a superação de tais condições.

Ao mesmo tempo, toda intervenção também requer uma postura investigativa do profissional que a conduz em parceria com os trabalhadores. Para que um psicólogo realize qualquer atividade de intervenção junto a grupos de trabalhadores é fundamental conhecer as características do trabalho em questão: as condições físicas em que ele é realizado, a organização do trabalho, o ramo de atividade em que se insere, as relações entre a empresa e o sindicato da categoria (se for o caso), o histórico do trabalho no contexto em questão e em contextos semelhantes em outras localidades etc. Ou seja, é fundamental que a saída a campo seja antecedida de uma pesquisa ampla (bibliográfica, de documentos públicos, com informantes etc.) que possa informar minimamente ao pesquisador e ao profissional sobre a organização, as condições e as relações de trabalho presentes na atividade que os trabalhadores desenvolvem.

Considerando esse pressuposto de que pesquisa e intervenção sempre se complementam, podemos afirmar que a diferença entre elas se dá com relação à ênfase que recai em uma ou outra e aos espaços institucionais aos quais estão vinculadas. Desse modo, a pesquisa, em geral, tem origem no âmbito acadêmico, como em universidades e institutos de pesquisa, enquanto a intervenção, normalmente, está vinculada à atividade profissional de psicólogos. Mas, novamente, nem sempre essa separação é tão clara. Muitas vezes, a universidade é chamada a realizar (ou colaborar com) atividades de intervenção, assim como instituições que têm a finalidade de prestação de serviços podem realizar pesquisas independentes em relação ao meio acadêmico e igualmente importantes.

Outra questão a destacar aqui é que, se o olhar da PST, como vimos no capítulo 4, recai sobre o cotidiano dos trabalhadores em diferentes contextos de trabalho, deve-se encontrar formas adequadas de investigar e atuar em contextos tão diversos. Isso é o que vamos apresentar mais detalhadamente a seguir, recorrendo a exemplos. Para fins didáticos, apesar das considerações já apresentadas, pesquisa e intervenção serão separadas em itens específicos no texto a seguir.

2.1 Pesquisa

Reiterando o que foi afirmado anteriormente, a produção de conhecimento sobre o trabalho humano deve buscar gerar concepções e práticas contextualizadas e dialogadas. A contextualização e o diálogo visam a análise integral das contradições do trabalho dentro das condições dadas nos processos particulares do cotidiano laboral, porque contradição e conflito são elementos integrantes e importantes do processo, e não algo a ser identificado e suprimido, como já destacaram Fábio de Oliveira (2014) e Leny Sato (2007). Esse aspecto é ainda mais relevante se considerarmos que as atividades de trabalho ocorrem, na maioria dos casos, em contextos de assimetria de poder, isto é, em situações nas quais os trabalhadores estão submetidos a estruturas hierárquicas e a dispositivos de controle próprios dessas estruturas.

Portanto, falamos aqui de uma modalidade engajada de pesquisa, como a proposta por Michael Burawoy (2005). Nesse sentido, o pesquisador é parte do campo de pesquisa tanto quanto os próprios trabalhadores. O educador brasileiro Paulo Freire (1981) também indica um aspecto importante a ponderar, que é a necessidade de se estabelecer uma relação dialética entre objetividade e subjetividade em pesquisas que pretendem colaborar com a mudança social, especialmente no que se refere à relevância de considerar o que a população envolvida pensa e sabe acerca de sua própria realidade. Por isso, a opção primordial – mas não exclusiva – por modalidades qualitativas de pesquisa com objetivos de observação, interpretação e explicação compartilhada da realidade.

Os métodos adotados nas pesquisas a partir desses princípios são bastante variados. Eles podem partir da observação participante ou da etnografia em locais de trabalho, como na pesquisa de Sato (1991), com motoristas de ônibus, de Araújo-Silva (2015), com caminhoneiros, e de Bernardo (2002), em uma fábrica. Podem envolver o contato com trabalhadores em espaços diversos, por meio da realização de entrevistas não diretivas (individuais e grupais), como fizeram Braga, Lima e Maciel (2015) e Oliveira (1997). Ou partir da proposição de uma intervenção em determinado campo, como discutem Prudente e Tittoni (2014). Essas abordagens podem ser acrescidas de diversas outras técnicas, como, por exemplo, fotografias, como se vê em Borges e Coutinho (2011) e Sato (2007). Trabalhos que discutem aspectos teóricos e conceituais, apesar de mais raros, também são realizados com o enfoque da PST e, como exemplos, podemos citar Coutinho, Krawulski e Soares (2007) e Oliveira (2014).

As demandas para as pesquisas podem surgir dos próprios trabalhadores ou de seus representantes (como sindicatos, empreendimentos solidários, serviços públicos). Mas, como em qualquer outra área, o interesse por um tema ou campo de pesquisa também pode derivar da vivência ou dos interesses dos próprios pesquisadores. O que é importante destacar em meio a essa diversidade é que, independentemente das características metodológicas das pesquisas, elas buscam dar lugar central ao ponto de vista dos trabalhadores e seu papel na transformação dos ambientes de trabalho.

Vejamos alguns exemplos de estratégias de investigação utilizadas, sem a pretensão de esgotar todas as possibilidades existentes. O primeiro é o de uma pesquisa interventiva participante realizada por Schmidt e Neves (2010) para análise das práticas de trabalho de uma Unidade Básica de Saúde (UBS) do sistema público de saúde do município de São Paulo. Coerente com o princípio da formação em serviço, a pesquisa aconteceu por meio de um espaço de construção de saberes compartilhados que envolvia conversas informais e a convivência em campo para a construção conjunta de estratégias de enfrentamento dos problemas emergentes.

Estudos de caso a partir da etnografia em locais de trabalho tradicionais, como as fábricas, foram realizados por Sato (1998) e Bernardo (2002). O primeiro estudo focalizou o replanejamento negociado do trabalho no seio do grupo primário de trabalhadores de uma indústria alimentícia, e o segundo buscou compreender as concepções sobre os riscos nos diferentes grupos de trabalhadores que atuavam em uma indústria química.

Mas, além dos contextos industriais e do serviço público, nos quais os trabalhadores têm vínculos formais de trabalho, a perspectiva adotada aqui amplia o foco de interesse das nossas pesquisas para qualquer outra forma de trabalho. Podemos exemplificar isso com a etnografia realizada em feiras livres por Sato (2007) que, por meio de incursões em campo, conversas informais, uso de fotografias e diário de campo, buscou compreender os processos cotidianos de organização do trabalho nesse contexto. Outro exemplo de pesquisa com foco em diferentes modalidades de trabalho é aquela realizada por Scopinho (2010), que estudou o processo organizativo de um assentamento rural, com o objetivo de compreender os sentidos atribuídos pelos trabalhadores à saúde-doença e as práticas de saúde desenvolvidas no local[33].

Nos tempos atuais, em que tecnologias de comunicação adquirem um papel importante, o espaço virtual também passa a ser um campo de pesquisa. A chamada *netnografia*, prática on-line da etnografia, é um exemplo. Em uma pesquisa com esse enfoque, Barros Júnior (2014) analisou os discursos que desempregados produzem sobre sua condição e como estes se posicionam nas redes sociais virtuais, através da observação e coleta de dados de perfis (*posts*, descrição, fotos de apresentação) de usuários das redes sociais Facebook e LinkedIn que estiveram em situação de desemprego. Também foram realizadas entrevistas abertas com esses usuários através de mensagens privadas trocadas com eles por meio das próprias redes sociais e anotações sobre as incursões nesse campo virtual.

Algumas pesquisas podem ser seguidas da construção conjunta de estratégias de intervenção. E considerando que a ciência é um empreendimento coletivo, mesmo uma pesquisa isolada sem o objetivo direto de intervenção pode servir como subsídio para intervenções futuras realizadas por outros pesquisadores ou profissionais. A pesquisa, na verdade, cumpre vários papéis nesse esforço coletivo de mudança social. Ela permite identificar os problemas e os desafios colocados pelo trabalho para os trabalhadores e para a sociedade. Problemas e desafios que nem sempre são evidentes e que, muitas vezes, são minimizados pelas versões da realidade apresentadas pelos grupos dominantes.

Nesse sentido, muitas das pesquisas que temos feito também têm desafiado certas visões estereotipadas sobre os trabalhadores e as trabalhadoras, como exemplificam as análises sobre as relações entre trabalho e loucura de Ribeiro (2007, 2013), sobre as vivências do desemprego e de ser desempregado na atualidade de

33. Os capítulos 6 e 7 trazem discussões sobre diferentes formas de trabalhar em contextos urbanos e rurais.

Ribeiro (2010), sobre trabalhadores que moravam nas ruas de Büll (2010), sobre trabalhadores informais de Ribeiro, Silva e Figueiredo (2016), sobre trabalhadores a domicílio, terceirizados, subcontratados da indústria de calçados, como descreveu e analisou Navarro (2006), e sobre empregadas domésticas diaristas, como fizeram Coutinho, Borges, Graf e Silva (2014).

Outras tantas têm cumprido o importante papel de denunciar condições e modos de organização do trabalho desumanos ou precarizados, como a pesquisa desenvolvida por Graf e Coutinho (2010) sobre trajetórias de mulheres atuantes em pequenos abatedouros de animais; a pesquisa sobre o trabalho na nanoeconomia realizada por Spink (2009); a que investiga a vida de trabalhadores rurais, realizada por Scopinho (2009); e a que analisou a vivência de trabalhadores de empresas toyotistas, desenvolvida por Bernardo (2009).

Desfazer estereótipos e produzir denúncias pode parecer pouco (o que evidentemente é apenas parte do que a PST tem feito), mas são ações que produzem efeitos sobre a sociedade como um todo e servem como munição para a luta política dos trabalhadores por mudanças no trabalho. Por exemplo: pesquisas sobre condições de trabalho adoecedoras têm influenciado juízes em suas decisões quanto à indenização de trabalhadores ou servido como argumentos nas negociações entre trabalhadores e patrões. Outras têm colaborado para a organização coletiva de trabalhadores inseridos em formas de trabalho não convencionais, como a Economia Solidária, conforme descrito no capítulo 3.

A pesquisa, quando é capaz de ouvir o que têm a dizer os trabalhadores, tem também o potencial de subsidiar políticas públicas voltadas para o mundo do trabalho. Ainda, deve-se destacar que investigações que abordem criticamente realidades tidas como naturais podem colaborar na mobilização da opinião pública quando conseguem atravessar os filtros da grande imprensa.

2.2 Intervenção

Por não ter um campo específico de atuação profissional, muitas vezes se pensa que a PST é uma abordagem voltada apenas para a pesquisa. Todavia, ela oferece uma perspectiva importante para a práxis de profissionais que analisam criticamente as características do trabalho no contexto capitalista e suas consequências para os trabalhadores.

Bernardo et al. (2013) apontam que

> para pensar a atuação a partir da perspectiva da Psicologia Social do Trabalho, é necessário que o psicólogo compreenda os aspectos mais amplos do contexto em que vive. Quando esses profissionais passam a conceber os fenômenos sociais a partir de uma perspectiva histórica e crítica se tornam capazes de refletir sobre essa estrutura e transformar sua prática (p. 104).

As intervenções com essa perspectiva, do mesmo modo como foi afirmado sobre as pesquisas, dão-se a partir da identificação dos interesses dos trabalhadores, focalizando fenômenos psicossociais do trabalho, como, por exemplo, processo saúde-trabalho-doença, condições e organização do trabalho, assimetrias de poder no trabalho etc.

Algumas questões podem orientar projetos interventivos da PST, entre as quais podemos destacar: Como favorecer o controle dos trabalhadores sobre seu trabalho? Como contribuir para sua organização coletiva de resistência à exploração? Como auxiliar na melhoria do cotidiano de trabalho dos trabalhadores em situações diversas? Como ajudar os trabalhadores na compreensão dos contextos de trabalho? Como auxiliar no enfrentamento do desemprego? Como compor ações psicossociais articuladas às políticas públicas voltadas para os trabalhadores? Como produzir discursos que se oponham aos discursos dominantes no mundo do trabalho (como os que enfatizam competências, aprendizagem continuada, empreendedorismo, empregabilidade...)? Como auxiliar nas questões específicas da informalidade? Assim, é mister analisar a que demandas quer-se responder com as intervenções e em nome de que ou de quem. Mas também é importante identificar espaços nos quais elas podem efetivamente ocorrer. Nesse sentido, Bernardo, Sousa, Garrido-Pinzón e Souza (2015) destacam que

> a atuação em espaços que possibilitem uma reflexão crítica ou mesmo uma participação mais efetiva no pro-

> cesso de decisão são mais férteis para a atuação do psicólogo social do trabalho, que pode participar mais ativamente da organização do processo de trabalho e contribuir para a transformação do contexto social (p. 30).

Apesar de se configurar como uma perspectiva claramente contra-hegemônica, há vários exemplos de como a PST, além de exercer a crítica, tem elementos para ser "efetiva na prática", como ocorreu (e ainda ocorre) nos campos da Saúde do Trabalhador e da Economia Solidária, que contribuíram para a construção desse enfoque, conforme mostrado no capítulo 3 deste livro.

Além desses contextos, Bernardo et al. (2013) enumeram uma série de outros nos quais reconhecem espaços possíveis de atuação com enfoque da PST. Destacam, em especial, as possibilidades que se abrem no universo não empresarial e não privado, "como o setor público, órgãos de representação dos trabalhadores (sindicatos), cooperativas (ou outros empreendimentos autogestionários), Organizações Não Governamentais (ONGs) e associações diversas" (p. 109). As autoras ainda apontam como espaços de atuação profissional, os campos da saúde e da assistência social.

Importante observar que esses contextos não são campos exclusivos de atuação da PST, e, sim, espaços que se mostram fecundos para práticas com uma perspectiva crítica sobre o trabalho. Assim, as intervenções nesses contextos implicam a necessidade de criação contínua de estratégias de ação, sempre considerando o saber dos trabalhadores e as especificidades locais.

Uma prática efetiva para colocar em ação o diálogo entre o profissional de psicologia e os trabalhadores é a construção de espaços – em uma intervenção – nos quais os trabalhadores possam ser ouvidos e contribuam com a própria construção da estratégia de ação, como nos moldes da pesquisa-ação, que inspirou, por exemplo, o Modelo Operário Italiano (Oddone et al., 1986) de ação sindical no campo da Saúde do Trabalhador. Vejamos alguns exemplos – e, também aqui, sem a pretensão de esgotar as possibilidades existentes.

Desde a instituição da Saúde do Trabalhador como parte do Sistema Único de Saúde pela Constituição Federal de 1988, o campo da saúde pública passou a se configurar como um importante espaço no qual os psicólogos sociais do trabalho podem atuar na atenção à saúde integral do trabalhador, bem como na participação ativa quanto à elaboração e execução de políticas públicas voltadas para essa questão. A atuação do psicólogo nesse campo pressupõe que, além do olhar crítico para as relações de trabalho, também se deve compreender saúde e doença não como estados opostos, mas como um processo permeado pelas relações sociais, que incluem o trabalho.

Assim, deve-se articular "contexto, condições e relações de trabalho e suas repercussões na saúde dos trabalhadores, evitando explicações de cunho individualista e culpabilizante para fenômenos que se apresentam coletivos e de cunho essencialmente social" (Centro de Referência Técnica em Psicologia e Políticas Públicas [Crepop], 2008, p. 48). Seja no atendimento a pessoas que sofreram acidentes ou doenças do trabalho, seja em atividades de prevenção ou de promoção de saúde, os trabalhadores devem ser sempre considerados enquanto sujeitos sociais que têm um conhecimento sobre seu trabalho e possibilidades de ação sobre sua realidade. Conforme destacam Bernardo, Souza, Silva e Garbin (2013a), "se o psicólogo limitar-se a olhar apenas para o psiquismo do indivíduo de forma descontextualizada e para a situação de trabalho que adoece e acidenta como 'natural', pode ter uma atuação oposta, 'naturalizando' relações de exploração" (p. 187).

No campo da Saúde do Trabalhador, a atuação dos psicólogos acontece a partir de equipes interdisciplinares, e os esforços desses profissionais têm se voltado para a ampliação do reconhecimento das dimensões intersubjetivas do trabalho, incluindo um olhar para a organização do trabalho, para seus efeitos sobre a saúde e para as formas sutis de exploração dos trabalhadores. As ações possíveis incluem a análise das condições e da organização do trabalho e o estabelecimento do nexo causal entre o trabalho e os processos de adoecimento. Mais do que isso, as ações, para que sejam efetivas, precisam incluir: a socialização desses conhecimentos sobre os contextos de trabalho em um processo que poderíamos nomear como "conscientização", a definição das prioridades de mudanças em conjunto com os trabalhadores, a construção de pautas de reivindicações e o acompanhamento dos processos de negociação.

As contribuições de psicólogos sociais do trabalho nesse campo também têm sido importantes e há muitos relatos de resultados dessas intervenções, como em Bonetti e Oliveira (1995), que, por meio da análise de grupos de qualidade de vida, propuseram uma abordagem psicossocial das Lesões por Esforços Repetitivos (LER) que rompe com a ideologia da culpabilização do trabalhador; em Sato (1996), que analisou as implicações do conhecimento prático para a vigilância em saúde do trabalhador; ou em Bernardo et al. (2013a), que analisaram a saúde do trabalhador como uma perspectiva crítica de atuação e pesquisa. As ações dos psicólogos, é claro, variam segundo o ponto de partida de que se originam e os atores sociais envolvidos. Aquelas que se realizam a partir da assessoria sindical são distintas daquelas realizadas por profissionais ligados a um serviço público de saúde do trabalhador, por exemplo.

Ainda dentro das políticas públicas, a assistência social mostra-se como um campo importante de intervenção para o enfoque da PST. Considerando que demandas relacionadas ao trabalho atingem as populações em situação de vulnerabilidade social (desemprego, busca por qualificação profissional etc.), há diversas contribuições possíveis. Bernardo et al. (2015) destacam que:

> Apesar de se tratar de uma área voltada para o atendimento socioassistencial, a atuação do psicólogo com o olhar crítico para as questões do trabalho pode se dar no sentido de ampliar as reflexões dessa população sobre o fenômeno que a atinge. Mais do que realizar reuniões socioeducativas de caráter disciplinar, orientando a população a seguir as condicionalidades dos programas oferecidos pelo governo, é possível realizar atividades com foco na questão do acesso ao trabalho e na problematização do formato das relações de trabalho, em propostas de criação de novas alternativas de produção, bem como nas influências de fenômenos como a reestruturação produtiva e a globalização da economia no agravo dessa problemática (p. 33).

Marcelo Ribeiro (2010) também discute as possíveis contribuições para a atuação dos profissionais dos Centros de Referência de Assistência Social (Cras) em relação ao enfrentamento do desemprego, por meio da constituição de espaços grupais visando o suporte psicossocial com o acolhimento dos sofrimentos vividos, o reconhecimento de si como trabalhador e cidadão, a troca de experiências com outros trabalhadores em situação similar e a ressignificação de informações tomadas como verdades absolutas (p. ex., o mito de que o desemprego é somente um resultado da não qualificação profissional).

No campo da Economia Solidária, como vimos no terceiro capítulo deste livro, temos assistido a um florescimento de contribuições oriundas da participação de psicólogos em equipes interdisciplinares, as quais atuam em diferentes frentes de trabalho: em políticas públicas de geração de trabalho e renda, em assessorias a associações de cooperativas ou de outros tipos de empreendimentos solidários ou, ainda, em assessorias diretas aos próprios empreendimentos.

A cidade de São Paulo, por exemplo, foi palco, na década de 1990, de uma série de políticas de combate ao desemprego, dentre as quais se destacaram aquelas voltadas para a formação de cooperativas populares com trabalhadores dos segmentos mais pobres da população. Quando da vigência dessas políticas, diversos psicólogos integraram as chamadas equipes de incubação e colaboraram para criar uma psicologia que fosse capaz de atender às demandas desse tipo de política pública de trabalho e àquelas desse tipo de empreendimento.

As questões que demandavam intervenção passavam, por exemplo, pela análise do processo de encaminhamento da população para esse tipo de formação (as pessoas, afinal, queriam ser sócias em cooperativas ou apenas estavam lá para receber a bolsa destinada a quem participasse do processo de formação?), pela formação técnica dos participantes nos princípios da Economia Solidária e do cooperativismo e pelos problemas relacionados à escolha do tipo de empreendimento a ser criado.

Para várias dessas questões, desenvolvimentos teóricos se fizeram necessários a fim de orientar as ações das diferentes equipes em campo. A construção de ferramentas teóricas a partir da experiência nessas e em outras intervenções permitiu aprofundar a compreensão das bases necessárias para a construção da autogestão, identificar os procedimentos de incubação que seriam mais favoráveis para essa construção e reconhecer as diferenças entre as vivências em relações de assimetria e de não assimetria de poder, conforme mostrou Oliveira (2007). A compreensão das diferenças da identidade de empregado e da identidade de sócio trabalhador identificadas por Esteves (2002) também foi um aspecto importante.

Os sindicatos e outros modos de organização coletiva dos trabalhadores – como associações – também podem ser um campo de atuação propício à intervenção com o enfoque da PST. As intervenções podem se dar no sentido de assessorar na avaliação das condições de trabalho e sua relação com a saúde dos trabalhadores, em atividades que contribuam para o desenvolvimento de sua consciência sobre as condições macro e microssociais sobre as quais constroem sua trajetória de trabalho, bem como na própria formação sindical. Como lembram Bernardo et al. (2015),

> apesar de ser um campo ainda restrito (especialmente porque a imagem que muitos sindicatos têm do psicólogo é a do clínico e do profissional de RH, aliado das empresas), apresenta uma possibilidade de atuação compatível com os preceitos de uma psicologia comprometida com os interesses dos trabalhadores (p. 33).

Parcerias com o poder público também são ações importantes para oferecer estratégias de compreensão e de intervenção distintas das comumente utilizadas, que trabalham com a lógica de que um grupo de especialistas produz uma estratégia de intervenção que é aplicada pelos agentes responsáveis. Nesse sentido, ações vinculadas às políticas de qualificação profissional, de orientação profissional e às políticas de geração de emprego e renda visam desconstruir saberes instituídos acerca do que é ser qualificado ou ter uma boa "empregabilidade" e a oferecer espaços de diálogo e discussão, mediados por profissionais da PST, preferencialmente em parceria com profissionais de outras áreas. Ações desse tipo podem ser realizadas, inclusive, a partir das universidades, configurando-se como um exemplo interessante de atividades de extensão universitária.

Desta forma, as políticas públicas de emprego, trabalho e renda também podem ser alvo da PST por meio de ações diretas voltadas ao enfrentamento do desemprego (Farina & Neves, 2007) ou da composição de equipes que elaboram essas políticas públicas, bem como por análises de contextos e de condições de trabalho de órgãos públicos visando a sua melhoria através de entrevistas e de observações de campo com trabalhadores e gestores, na tentativa de sistematizar as questões centrais e construir conjuntamente soluções viáveis e possíveis (Ribeiro, 2010) como potenciais práticas em PST.

3 Considerações finais

Ao longo deste capítulo, buscamos mostrar quais são os princípios que guiam as práticas em PST, trazendo diferentes exemplos de pesquisas e intervenções. Eles certamente não esgotam o conjunto das práticas que têm sido produzidas pela Psicologia Social do Trabalho no Brasil (sem falar das produções nos outros países da América Latina, na França e na Itália, p. ex.). Nós apenas buscamos mostrar a diversidade de temas e de campos de pesquisa e intervenção a partir desse enfoque. Em síntese, nosso objetivo foi delinear a construção de um olhar que pode estar presente em diferentes contextos nos quais o trabalho acontece ou a partir dos quais práticas das mais diversas podem ser desenvolvidas.

Como se pode depreender da leitura, a principal característica das práticas no campo da PST é o compromisso com a mudança do trabalho e um radical afastamento das abordagens que visam a mera adaptação dos trabalhadores às condições de trabalho impostas pelos proprietários dos meios de produção – isso tanto nas ações de pesquisa quanto nas de intervenção.

Aliás, como procuramos demonstrar, pesquisa e intervenção caminham juntas. Ainda mais se consideramos que se trata de uma área da psicologia assentada em tradições que rompem com as fronteiras tradicionais entre ciência pura e ciência aplicada (Spink, 1996). A pesquisa visa interferir direta ou indiretamente na realidade, dentro de um esforço coletivo no qual os produtos das atividades dos pesquisadores subsidiam ações de transformação conduzidas por outras pessoas. As práticas de intervenção, mesmo sem a pretensão formal de se constituírem como investigação científica, mas pelo seu lugar privilegiado de enfrentamento de problemas concretos ao lado dos trabalhadores, produzem conhecimentos que se somam àqueles que são fruto da atividade acadêmica ou lançam desafios a esta.

Referências

Antunes, R. (1999). *Os sentidos do trabalho: ensaio sobre a afirmação e a negação do trabalho*. São Paulo: Boitempo.

Araújo-Silva, R. (2015). Vida de caminhoneiro: sofrimento e paixão. Dissertação de Mestrado não publicada, Pontifícia Universidade Católica de Campinas, Campinas, SP.

Barros Júnior, A. C. (2014). *Quem vê perfil não vê coração: a ferida narcísica de desempregados e a construção de imagens de si no Facebook e no LinkedIn*. Tese de Doutorado não publicada, Instituto de Psicologia, Universidade de São Paulo, São Paulo.

Bernardo, M. H. (2002). As representações dos trabalhadores sobre os riscos em uma usina química. *Cadernos de Psicologia Social do Trabalho, 5*(1), 1-18.

Bernardo, M. H. (2009). Flexibilização do discurso de gestão como estratégia para legitimar o poder empresarial na era do toyotismo: uma discussão a partir da vivência de trabalhadores. *Cadernos de Psicologia Social do Trabalho, 12*(1), 93-109.

Bernardo, M. H., Garrido-Pinzón, J., & Sousa, C. C. (2013). Psicologia Social do Trabalho: possibilidades de intervenções. In: M. H. Bernardo, R. S. L. Guzzo, & V. L. T. de Souza (Orgs.). *Psicologia Social: perspectivas críticas de atuação e pesquisa* (pp. 91-115). São Paulo: Alínea.

Bernardo, M. H., Souza, H. A., Silva, D. L. D., & Garbin, L. S. (2013). A Psicologia e a Saúde do Trabalhador. In: M. H. Bernardo, R. S. L. Guzzo, & V. L. T. de Souza (Orgs.). *Psicologia Social: perspectivas críticas de atuação e pesquisa* (pp. 173-192). São Paulo: Alínea.

Bernardo, M. H., Sousa, C. C., Garrido-Pinzón, J., & Souza, H. A. (2015). A práxis da Psicologia Social do Trabalho: reflexões sobre possibilidades de intervenção. In: M. C. Coutinho, O. Furtado, & T. R. Raitz (Orgs.). *Psicologia Social e trabalho: perspectivas críticas* (pp. 16-39). Florianópolis: Abrapso, Editora e Edições do Bosque, CFH/UFSC.

Bonetti, A. B., & Oliveira, F. (1995). Abordagem psicossocial da LER: ideologia da culpabilização e grupos de qualidade de vida. In: W. Codo, & M. C. C. G. Almeida (Orgs.). *Lesões por Esforços Repetitivos: diagnóstico, tratamento e prevenção – uma abordagem interdisciplinar* (pp. 136-159). Petrópolis: Vozes.

Borges, R. C. P., & Coutinho, M. C. (2011). Cenas de trabalho: a fotografia como recurso metodológico para expressar os sentidos do trabalho juvenil. *Arquivos Brasileiros de Psicologia, 63*(esp.), 38-48.

Braga, N. L., Lima, D. M. A., & Maciel, R. H. (2015). Não tinha trabalho, mas tinha reciclagem: sentidos do trabalho de catadores de materiais recicláveis. *Temas em Psicologia, 23*(4), 1.051-1.059.

Büll, S. (2010). *Histórias de trabalho e outras histórias no trecho.* Dissertação de Mestrado não publicada, Pontifícia Universidade Católica de Campinas, Campinas, SP.

Burawoy, M. (2005). For public sociology. *American Sociological Review, 70*(1), 4-28.

Chiavegato L. G. Filho, & Navarro, V. L. (2012). A organização do trabalho em saúde em um contexto de precarização e avanço da ideologia gerencialista. *Revista Pegada Eletrônica, 13*(2), 67-82.

Coutinho, M. C., Krawulski, E., & Soares, D. H. P. (2007). Identidade e trabalho na contemporaneidade: repensando articulações possíveis. *Psicologia & Sociedade, 19*(esp.), 29-37.

Coutinho, M. C., Borges, R. C. P., Graf, L. P., & Silva A. S. (2014). Todo dia em uma casa diferente: entre trajetórias, sentidos e o cotidiano laboral de diaristas. *Universitas Psychologica, 12,* 1.125-1.138.

Centro de Referência Técnica em Psicologia e Políticas Públicas [Crepop]. (2008). *Saúde do Trabalhador no âmbito da Saúde Pública: referências para a atuação do(a) psicólogo(a).* Brasília, DF: Conselho Federal de Psicologia.

Dedecca, C. S. (2008). Regimes de trabalho: uso do tempo e desigualdade entre homens e mulheres. In: A. O. Costa, B. Sorj, C. Bruschini, & H. Hirata (Orgs.). *Mercado de trabalho e gênero: comparações internacionais* (pp. 279-297). Rio de Janeiro: Fundação Getúlio Vargas.

Esteves, E. G. (2002). Emprego *versus* trabalho associado: despotismo e política na atividade humana de trabalho. *Cadernos de Psicologia Social do Trabalho, 5*(1), 51-56.

Farina, A. S., & Neves, T. F. S. (2007). Formas de lidar com o desemprego: possibilidades e limites de um projeto de atuação em Psicologia Social do Trabalho. *Cadernos de Psicologia Social do Trabalho, 10*(1), 21-36.

Freire, P. (1968). *Pedagogia do oprimido*. Rio de Janeiro: Paz e Terra.

Freire, P. (1981). Criando métodos de pesquisa alternativa: aprendendo a fazê-la melhor através da ação. In: C. R. Brandão (Org.). *Pesquisa participante* (pp. 34-41). São Paulo: Brasiliense.

Graf, L. P., & Coutinho, M. C. (2010). Trajetórias de mulheres atuantes em pequenos abatedouros de animais. *Cadernos de Psicologia Social do Trabalho, 13*(1), 119-132.

Greene, J. C. (1990). Three views on the nature and role of knowledge in social science. In: E. G. Guba (Ed.). *The paradigm dialog* (pp. 227-245). London: Sage.

Hobsbawm, E. J. (1987). *Mundos do trabalho: novos estudos sobre história operária*. Rio de Janeiro: Paz e Terra.

Mayo, E. (1933). *The human problems of an industrial civilization*. New York: The Macmillan Company.

Mészáros, I. (2002). *Para além do capital: rumo a uma teoria da transição*. São Paulo: Boitempo.

Navarro, V. L. (2006). *Trabalho e trabalhadores do calçado*. São Paulo: Expressão Popular.

Oddone, I., Re, A., & Briante, G. (1981). *Redécouvir l'experience ouvrière*. Paris: Éditions Sociales.

Oddone, I., Marri, G., Gloria, S., Briante, G., Chiatela, M., & Re, A. (1986). *Ambiente do trabalho: a luta dos trabalhadores pela saúde*. São Paulo: Hucitec.

Oliveira, F. (1997). *A construção social dos discursos sobre o acidente de trabalho*. Dissertação de Mestrado não publicada, Instituto de Psicologia, Universidade de São Paulo, São Paulo.

Oliveira, F. (2007). Os sentidos do cooperativismo de trabalho: as cooperativas de mão de obra à luz da vivência dos trabalhadores. *Psicologia & Sociedade, 19*(esp.), 75-83.

Oliveira, F. (2014). Perspectivas psicossociais para o estudo do cotidiano de trabalho. *Psicologia USP, 25*(1), 41-50.

Oliveira, F., Esteves, E. G., Bernardo, M. H., & Sato, L. (2015). Psychologie Sociale du Travail: rencontres entre recherche et intervention. *Bulletin de Psychologie, 2*, 93-104.

Prilleltensky, I. (1994). *The morals and politics of psychology: psychological discourse and the status quo*. New York: State University Press.

Prudente, J., & Tittoni, J. (2014). A pesquisa intervenção como exercício ético e a metodologia como *paraskeué*. *Fractal, 26*(1), 17-28.

Pulido-Martinez, H. C. (2009). Examinando las operaciones de la Psicología en su relación con el trabajo. In: Aguilar, M. C., & Rentería, E. (Orgs.). *Psicología del trabajo y de las organizaciones: reflexiones y experiencias de investigación* (pp. 77-97). Bogotá: Universidad San Tomás.

Ribeiro, M. A. (2007). Psicose e desemprego: um paralelo entre experiências psicossociais de ruptura biográfica. *Cadernos de Psicologia Social do Trabalho, 10*(1), 75-91.

Ribeiro, M. A. (2010). Estratégias micropolíticas para lidar com o desemprego: contribuições da Psicologia Social do Trabalho. *Revista Psicologia Política, 9*(18), 331-346.

Ribeiro, M. A. (2013). Trabalho e "loucura": articulações psicossociais possíveis? Reflexões da perspectiva da Psicologia Social do Trabalho. *Universitas Psychologica, 12*(4), 1.269-1.281.

Ribeiro M. A., Silva, F. F., & Figueiredo, P. M. (2016). Discussing the notion of decent work: senses of working for a group of Brazilian workers without college education. *Frontiers in Psychology, 7*(207), 1-14.

Sato, L. (1991). *Abordagem psicossocial do trabalho penoso: estudo de caso de motoristas de ônibus urbano.* Dissertação de Mestrado não publicada, Pontifícia Universidade Católica de São Paulo, São Paulo.

Sato, L. (1996). As implicações do conhecimento prático para a vigilância em saúde do trabalhador. *Cadernos de Saúde Pública, 12*(4), 489-495.

Sato, L. (1998). *Astúcia e ambiguidade: as condições simbólicas para o replanejamento negociado do trabalho no chão de fábrica.* Tese de Doutorado não publicada, Instituto de Psicologia, Universidade de São Paulo, São Paulo.

Sato, L. (2007). Processos cotidianos de organização do trabalho na feira livre. *Psicologia & Sociedade, 19*(esp.), 95-102.

Sato, L., & Oliveira, F. (2008). Compreender a gestão a partir do cotidiano de trabalho. *Aletheia, 27*, 188-197.

Schmidt, M. L. S., & Neves, T. F. S. (2010). O trabalho do agente comunitário de saúde e a política de atenção básica em São Paulo, Brasil. *Cadernos de Psicologia Social do Trabalho, 13*(2), 225-240.

Scopinho, R. A. (2009). Em busca de "elos perdidos": projeto de assentamento e modos de identificação entre trabalhadores rurais assentados. *Cadernos de Psicologia Social do Trabalho, 12*(2), 257-270.

Scopinho, R. A. (2010). Condições de vida e saúde do trabalhador em assentamento rural. *Ciência & Saúde Coletiva, 15*, 1.575-1.584.

Spink, P. K. (1996). A organização como fenômeno psicossocial: notas para uma redefinição da psicologia do trabalho. *Psicologia & Sociedade, 8*(1), 174-192.

Spink, P. K. (2009). Microcadeias produtivas e a nanoeconomia: repensando o trabalho decente. *Cadernos de Psicologia Social do Trabalho, 12*(2), 227-241.

6
A PSICOLOGIA SOCIAL DO TRABALHO E OS TRABALHADORES DAS RURALIDADES

Rosemeire Aparecida Scopinho
Universidade Federal de São Carlos

Compreender as condições e os modos de vida, o ideário e a subjetividade do trabalhador do mundo rural, as suas necessidades e maneiras próprias de satisfazê-las, a forma como ele tem participado (ou não) das decisões que envolvem o seu destino tem sido um objeto ainda pouco explorado pela PST – Psicologia Social do Trabalho e, por isso mesmo, ainda é um desafio a ser enfrentado. Esse trabalhador sempre teve importância econômica desde os primórdios da colonização do país, mas nem sempre teve visibilidade política e social.

No Brasil, a produção acadêmica sobre o rural vem crescendo nas últimas décadas, motivada pela necessidade de compreender e de lidar com os impactos das transformações estruturais que o aproximam cada vez mais do mundo urbano, abrangendo outras áreas do conhecimento que não as Ciências Agrárias e Ciências Sociais com tradição nos estudos rurais, como a Sociologia, a Antropologia e a Economia. A Psicologia também avançou mesmo que ainda timidamente no estudo das problemáticas do rural, a exemplo dos trabalhos de Albuquerque et al. (1999), Albuquerque (2002), Martins et al. (2003); Albuquerque et al. (2005); Bonomo et al. (2008), Martins et al. (2010); Leite e Dimenstein (2013), entre outros importantes. No entanto, ainda são poucos os estudos sob o enfoque da PST e, aqui, podemos destacar os de Scopinho et al. (1999), Scopinho (2003, 2007, 2012), Andrade (2003), Stolf (2007), Gomes (2010), Nóbrega (2013), Alvaides e Scopinho (2013), Alvaides (2013) e Melo (2014), Melo e Scopinho (2015), entre outros.

Este capítulo, defendendo a importância desse campo de estudos para a PST, propõe uma reflexão sobre a complexidade que o envolve. No primeiro tópico são apontadas brevemente algumas características do rural, tomando como eixo principal o processo de transformação em curso que afeta o mercado, as relações e as condições de trabalho, assim como as formas organizativas dos trabalhadores. Essas características constituem a base fundamental da reflexão, posto que configuram o espaço social onde e com o qual os trabalhadores rurais se relacionam. No segundo tópico, na impossibilidade de tratar a amplitude do tema no escopo deste capítulo e a título de contribuir para a reflexão sobre a atuação da PST no mundo do trabalho rural, são tratadas, principalmente, algumas questões de ordem teórica, metodológica e temática importantes para levar em conta quando se trata de compreender os modos de trabalhar e viver no mundo rural. Este percurso metodológico justifica-se porque, do ponto de vista da PST – a Psicologia Social que se dedica ao estudo das relações e condições de trabalho –, esse objeto deve ser compreendido no espaço que se estabelece entre o sujeito que trabalha e a estrutura social que impõe normas (formais e informais) ao trabalho em diferentes dimensões: desde a jurídico-formal, a qual estabelece a legislação que regula os diferentes tipos de trabalho e as reestruturações produtivas condicionadas pelas mudanças tecnológicas e de mercado, passando pelas políticas de gestão adotadas pelas organizações de trabalho até chegar às relações cotidianas estabelecidas entre os trabalhadores.

Trabalho rural e ruralidades

O rural brasileiro tem sido uma espécie de sustentáculo da economia nacional desde os tempos da colônia, por meio dos ciclos das exportações primárias (cana-de-açúcar, café, borracha e soja entre os mais importantes) que, apoiados na ideologia da "vocação agrícola" do país, serviram para alavancar o processo de industrialização tratado no capítulo 2. Recentemente, o rural tem sido o lugar privilegiado de profundas transformações econômicas e sociais, desde a expansão dos complexos agroindustriais, com o uso do trabalho assalariado intensificado na década de 1970, até a internacionalização do agronegócio, a valorização da pequena agricultura familiar e o acirramento da luta pela reforma agrária a partir da década de 1990. Esses processos sociais, ainda em curso, são impulsionados por um modelo de desenvolvimento rural adotado no Brasil que tem sido pautado pela introdução de inovações tecnológicas poupadoras de força de trabalho. Tal modelo está apoiado em sistemas de concessão de créditos e subsídios estatais e de regulações jurídico-formais que privilegiam os grandes proprietários e geram profundas mudanças no modo de organizar e realizar os processos de trabalho. Consequentemente, geram também uma grande diversificação de ocupações no mercado de trabalho rural, de formatos nas relações de trabalho, de tipos de trabalhadores, de movimentos sociais e suas organizações representativas e de sujeitos sociais que vivem e/ou trabalham no rural ou com ele se relacionam.

A transformação da estrutura produtiva rural brasileira tem seu marco referencial nos anos de 1960 com a Revolução Verde, quando a mecanização das lavouras e o uso intensivo de insumos químicos (fertilizantes, maturadores, agrotóxicos, entre outros) iniciaram o processo chamado de *modernização conservadora*, conforme Guimarães (1977), porque inovou a base técnica, mas manteve as relações e as condições de trabalho análogas à escravidão ou, mais precisamente, em certos casos, de fato escravistas[34]. Esse

---

34. Não é um exagero afirmar que ainda existe trabalho escravo no Brasil porque, caso contrário, não haveria a necessidade de firmar um pacto social para combater essa forma de trabalho, como se pode verificar em http://www.reporterbrasil.org.br/pacto/conteudo/view/4 (consultado em 03/11/2014), e nem a promulgação da PEC – Proposta de Emenda Constitucional 57A/1999, em 05/06/2014, pelo Congresso Nacional, conforme http://g1.globo.com/politica/noticia/2014/06/congresso-nacional-promulga-pec-do-trabalho-escravo.html (consultado em 03/11/2014). Para inibir essa prática, a PEC prevê o confisco das propriedades dos praticantes para fins de reforma agrária ou urbana. Para melhor avaliar a dimensão polêmica e os múltiplos interesses envolvidos na discussão desse problema, basta dizer que a PEC tramitou durante nove anos antes de ser aprovada, e que ainda requer a definição do que seja trabalho escravo para tornar-se lei. Segundo o Dieese – Departamento Intersindical de Es-

processo tem sido mais visível nos setores da economia denominados *complexos agroindustriais*, especialmente nos ramos canavieiro, citrícola e de papel e celulose, caracterizados pelo uso intensivo e extensivo de terras com base técnica mecanizada, assalariamento temporário (os trabalhadores denominados boias-frias) e financiado pelo sistema público de créditos, de subsídios à produção e comercialização. A partir dos anos 2000, na era do *agronegócio* (outra denominação para o mesmo processo), as características acima se mantiveram. No entanto, os ramos produtivos diversificaram-se (carne, grãos, frutas, p. ex.), a informatização da indústria é quase total e também já chegou às lavouras (agricultura de precisão). Além disso, a participação do capital internacional é intensa.

A tecnificação do processo produtivo – introduzida para aumentar a produtividade do trabalho, diminuir os custos de produção e, consequentemente, gerar mais lucros – impõe ao trabalho rural a utilização de modelos de gestão originalmente pensados para a indústria e, com eles, os impactos para a saúde, para a qualificação dos trabalhadores (Scopinho et al., 1999, Scopinho, 2003) e para o meio ambiente (Szmrecsanyi, 1994). A tecnificação ainda repercute na dinâmica do mercado ao dispensar força de trabalho não qualificada e requerer a qualificada (Veiga Filho et al., 1994, Garcia, 2014, Dieese, 2014); ameaça a sustentabilidade e a reprodução social dos pequenos produtores ao incrementar a competitividade dos mercados; interliga campo e cidade acentuando as desigualdades regionais, entre outras consequências.

O papel do rural na formação do mercado de trabalho brasileiro sempre foi marcante, desde a abolição da escravatura até os dias de hoje. O avanço do processo de industrialização urbana calcado em tecnologias poupadoras de força de trabalho, aliado às crônicas deficiências dos sistemas públicos de formação e qualificação dos trabalhadores e às mudanças pontuais nos dispositivos

---

tudos Socioeconômicos –, de 1995 a 2014 foram realizadas 1.587 ações de fiscalização em 3.773 estabelecimentos e libertados 46.588 trabalhadores (44% do total de trabalhadores rurais existentes no país). Entre as principais atividades econômicas com maior número de libertados estavam: lavouras (permanentes e temporárias), pecuária, reflorestamento, carvão vegetal, extrativismo, cana-de-açúcar e desmatamento (Dieese, 2014).

legais de proteção trabalhista e social, só fez crescer o contingente dos desempregados, que permanece na condição de *trabalhador reserva* e reinsere-se na economia quando ocorre um novo surto de desenvolvimento. Disso resulta que, principalmente nas últimas décadas, por mais que o país tenha modernizado a agricultura, desenvolvido e até internacionalizado um significativo parque industrial e, acompanhando as tendências globais, tenha expandido o setor de comércio e de prestação de serviços, o mercado de trabalho informal não somente cresceu como se tornou cada vez mais complexo, tendo em vista que nele se encontram trabalhadores com diferentes especializações, níveis de qualificação e situações etárias. Especialmente para a população jovem, o mercado de trabalho informal tem representado a porta de entrada para o mundo do trabalho, seja rural e/ou urbano (Abramo & Branco, 2005, Dieese, 2005).

Até os anos de 1980, se o êxodo rural fomentado pelas políticas econômicas voltadas para a industrialização por um lado supriu as necessidades de força de trabalho da indústria, por outro, provocou crescimento populacional urbano, carestia, desemprego e precarização do trabalho. Desse momento em diante, um movimento contrário começou a se esboçar, impulsionado tanto pelas demandas e problemas metropolitanos nem sempre adequadamente resolvidos, principalmente nas áreas de emprego, moradia e transporte, quanto pela atratividade do intenso processo de industrialização do rural, que demandou não apenas a força de trabalho tipicamente rural e a sobrante nas cidades como também os trabalhadores urbanos qualificados.

Para Garcia (2014), atualmente o rural ressente-se da escassez relativa de trabalhadores e carece dos qualificados para atender às demandas de um processo de produção que está organizado a partir de uma base tecnológica modernizada pela mecanização e pela informatização dos processos agroindustriais e administrativos. O autor, com base em informações estatísticas oficiais, descreve e discute as novas tendências do trabalho rural no período entre 1992 e 2012, destacando-se a queda na população rural (de 35,5 para 29,8 milhões) e na população ocupada no rural (de 14,2 para 9,6 milhões), além de uma tendência de queda da população economicamente ativa (de 23 para 21 milhões) e da população em idade ativa (de 14 para 10 milhões). O autor considera que, além da tendência de queda da população ocupada no rural, a participação dos que residem nas cidades no mercado de trabalho rural e a participação dos que residem no rural em trabalhos urbanos são aspectos importantes da nova configuração do trabalho rural no Brasil.

Estudo recente elaborado pela equipe do Dieese, também baseado em estatísticas oficiais, embora apresente alguns dados diferentes em relação ao estudo de Garcia (2014), reafirmou as mesmas tendências. O Dieese (2014) projetou que em 2050 apenas 8% da população total estará morando no campo, o que representa uma diminuição de 84% em relação ao ano de 1950. Segundo esse estudo, a população ocupada no campo caiu de 23,4 milhões em 1985 para 15,2 milhões em 2013 (queda de 65%) e, em 2050, será de apenas 8 milhões. Como o número de estabelecimentos manteve-se, a queda foi atribuída à especialização e à mecanização da produção.

É importante destacar que esses processos de transformação do rural não ocorreram sem enfrentar a resistência dos movimentos sociais do campo, cuja história no cenário nacional também remonta aos tempos da colônia. No século XX, o avanço das relações de produção capitalistas tornou o campo brasileiro o palco de inúmeras lutas sociais. No âmbito sindical, destacam-se as lutas da Contag – Confederação dos Trabalhadores da Agricultura – e da CUT – Central Única dos Trabalhadores – pela ampliação e cumprimento da legislação trabalhista, além das lutas dos seringueiros liderados por Chico Mendes pela manutenção da Floresta Amazônica como fonte de reprodução social dessa categoria, por exemplo. No âmbito dos pequenos produtores, destaca-se a luta dos ribeirinhos atingidos por barragens representados pelo MAB – Movimento dos Atingidos pelas Barragens – pela recuperação do patrimônio alagado em decorrência da construção das hidrelétricas, a luta dos trabalhadores rurais sem terra representados pelo MST e outros tantos movimentos recentemente criados em favor da reforma agrária, sem falar nas lutas dos quilombolas e indígenas pela conservação da posse de suas terras, entre outras tantas. Entre avanços e recuos, essas lutas vêm contribuindo substancialmente para transformar o rural, tanto no sentido de melhorar as condições de vida dos trabalhadores quanto de, contraditoriamente, fazer crescer os investimentos empresariais na mecanização do processo produtivo, porque a ampliação dos direitos dos trabalhadores significa queda na taxa de lucro empresarial.

Esse breve retrato do mercado de trabalho rural coloca a seguinte questão: Por que a PST deveria se preocupar e investir no estudo de um tipo de trabalho e de trabalhadores que pode estar fadado à extinção?

A meu ver, a resposta deve levar em conta o debate que está posto sobre o futuro do rural no Brasil. Em tempos de "novas" *ruralidades*[35], as relações sociais que se estabelecem e que são mantidas em territórios com baixa densidade populacional – pequenas cidades que interagem de modo particular com os médios e grandes centros urbanos – assumem dimensões materiais e simbólicas locais bastante peculiares em relação à sociedade mais ampla. Neste cenário, de um lado, encontram-se os que advogam que o rural já não é mais visto apenas como um lugar do atraso, que o campesinato nunca existiu no Brasil e que o rural participa da Pós-modernidade de modo bastante singular; de outro lado, estão os que reafirmam a existência do campesinato como categoria social fundante e ainda muito importante na vida nacional, tendo em vista a marcante presença dos sujeitos do campo na agenda política das últimas décadas.

No entanto, as diferentes formas de aproximação entre campo e cidade podem ser pensadas como processos sociais ainda sem curso definido: *Novos rurais*, onde o avanço tecnológico tem sido apregoado como solução para o renascimento do rural, capaz de fazer superar o isolamento e o atraso que estigmatizam o homem do campo? Ou a intensificação das diferentes formas de genocídio

---

35. Conceito, conforme Abramovay (2000) e Veiga (2004), que tem uma dimensão multissetorial, porque trata das inúmeras possibilidades de desenvolver atividades produtivas de vários setores da economia, combinadas ou não com a agropecuária, e outra territorial, porque diz respeito ao conjunto das características, relações e valores que envolvem a sociedade rural. O adjetivo foi colocado entre aspas justamente para lembrar a ideia da modernização conservadora, ou seja, um novo que traz em si o arcaico.

cultural causadas pela destruição dos valores, das tradições e dos costumes típicos do mundo rural a partir da introdução de uma lógica urbano-industrial na sociedade rural?[36]

Polêmicas à parte, o fato é que o diagnóstico sobre o trabalho rural feito pelo Dieese (2014) aponta na direção da última questão posta no parágrafo acima. O referido estudo mostra que, entre 2004 e 2013, o número de assalariados com ou sem carteira assinada diminuiu 18,2%, e o dos trabalhadores por conta própria diminuiu 16,7%; os que produziam para o próprio consumo cresceram em 23,3%, a única categoria que teve elevação no percentual de ocupados. Esse crescimento, segundo o Dieese, pode indicar que a reprodução dos pequenos está cada vez mais comprometida e voltada para a subsistência, ou seja, que ocorre um crescimento da pobreza rural. Outro dado preocupante deste estudo é o da elevada taxa de informalidade, ou melhor, da taxa de ilegalidade[37] dos empregos rurais que, em 2013, era de 59,4%, maior que a taxa geral do país, que era de 50%. As regiões Norte e Nordeste sobressaíam-se com taxas de 77,1% cada uma, nelas se destacando os estados do Acre, com 92,1%, Ceará, com 91,8%, e Sergipe, com 90,7%. Quanto

---

36. A literatura sobre o tema é polêmica e diversa tanto quanto são as disciplinas envolvidas no estudo do rural. Grosso modo, os estudos do campo das ciências agrárias e econômicas (Graziano da Silva, 1999, 2001, Abramovay, 2000, Veiga, 2004) tendem a defender a proposição 1, e os estudos das ciências humanas e sociais (Peçanha, 2002, Fernandes, 2003) tendem a defender a proposição 2. O fato é que as relações campo-cidade vêm sendo abordadas desde os clássicos estudos de Cândido (1971) e Queiroz (1973), não sem polêmicas e divergências. Recentemente, o debate está polarizado nos conceitos de agricultor familiar ou camponês para, genericamente, designar os que trabalham e vivem no campo.

37. O trabalho informal existe no campo ou na cidade, porém é ilegal. Desde a promulgação da CLT – Consolidação das Leis do Trabalho, em 1934, é proibido manter trabalhadores sem registro em carteira, o que pode ser considerado trabalho escravo (ou "análogo" à escravidão) e objeto de fiscalização e punição, embora raramente o seja no Brasil. Algumas categorias profissionais foram tardiamente enquadradas na lei, como é o caso dos trabalhadores rurais fixos (Estatuto da Terra, de 1964), temporários (acordos trabalhistas de Guariba/SP, de 1985) e dos trabalhadores domésticos (PEC das Domésticas, 2015).

ao perfil dos assalariados rurais (com ou sem carteira assinada), o estudo confirmou o que já é amplamente sabido: 56,4% não contribuíam com a Previdência Social; 85,4% não eram sindicalizados; 72,2% tinham menos de sete anos de estudo; 53,9% recebiam até um salário-mínimo, entre outras características cujos índices eram mais alarmantes quando se considerava a importante fração dos que não tinham carteira assinada (59,4%). Para o Dieese (2014), a precarização do trabalho no mundo rural está longe de ser de fato enfrentada, porque ainda é significativa a informalidade, a terceirização (presente há séculos no trabalho rural) e o trabalho escravo.

A partir desses dados é possível pensar que o que tem sido chamado de *novo rural* ou de *novas ruralidades* pode não passar de uma atualização do processo que, nos anos de 1970, chamava-se de *modernização conservadora*. Este, certamente, é um bom motivo para a PST investir na compreensão de como os sujeitos do campo vivenciam essa situação em pleno século XXI. O debate sobre os rumos do desenvolvimento rural no Brasil está sempre em aberto, dada a importância que esse setor sempre teve na economia nacional, e tem sido explorado por várias disciplinas, particularmente no que se refere às suas dimensões econômicas, ambientais e institucionais. Esse também pode e deve ser um campo de investigação para a PST, cujo enfoque pode e deve privilegiar o ponto de vista dos sujeitos sociais que moram e trabalham nesses espaços, os movimentos sociais dos quais eles são protagonistas e as relações materiais e simbólicas que eles constroem entre si e com o mundo, o que, de certa forma, implica considerar relacionalmente todas as outras dimensões apontadas.

Caminhos e possíveis questões para a PST no mundo rural

O contexto descrito acima indica que falar do trabalho rural hoje no Brasil significa não só falar do trabalho que se desenvolve nas grandes empresas de produção de *comodities*, da agricultura e da pecuária tecnificada voltadas para o mercado interno e externo, como também da pequena agricultura e pecuária de origem familiar que mal reproduz a subsistência dos trabalhadores e é desenvolvida por uma grande diversidade de sujeitos sociais (pequenos sitiantes, assentados, fachinalenses, caiçaras, pescadores artesanais, indígenas, quilombolas, extrativistas das florestas, entre outros).

Do ponto de vista teórico e metodológico, essa diversidade de sujeitos e formas de trabalho coloca a interdisciplinaridade como uma característica intrínseca ao objeto de estudo. A compreensão dos sujeitos que trabalham no contexto da complexificação do mercado, das relações e das condições de trabalho no rural exige a construção de uma arquitetura conceitual que abarque, além da contribuição das disciplinas tipicamente ligadas aos estudos do trabalho rural, como a Sociologia, a Economia e a Antropologia, outras, tais como as diferentes engenharias (de produção, agrícola, de alimentos e ambiental), a Economia Rural, a Geografia, a Psicologia, entre outras importantes.

O esforço de apropriação conceitual dessas disciplinas requer reflexão e adequação à realidade, às necessidades e aos modos de vida dos sujeitos sociais do rural, sob pena de transpor para a compreensão da realidade rural os mesmos esquemas conceituais e analíticos utilizados para compreender o trabalho e os modos de vida urbanos, o que certamente sacrifica as suas particularidades e pode remeter a um modo de pensar típico do colonizador, porque opera, essencialmente, no sentido de modernizar e civilizar um rural que é considerado arcaico por natureza.

Ilustra essa questão o problema de como pensar as experiências cooperativistas e associativistas desenvolvidas no mundo do trabalho rural, nas quais a cooperação imposta por certo desenho de estrutura organizacional ou por certa institucionalidade nem sempre corresponde ou até mesmo vai na contramão da cooperação como ação social espontânea e organizada para solucionar problemas concretos. Entre a burocracia preconizada pelo modelo jurídico-formal desse tipo de formalização das relações de trabalho e a apropriação que faz dele o capital – como forma de flexibilizar as relações de trabalho assalariadas – estão as experiências de cooperação espontânea típicas do *rural profundo*[38], que, talvez por

38. Aquele rural que vive exclusivamente da atividade agropecuária e está preservado, do ponto de vista das tradições e da cultura local (Graziano da Silva, 2001).

isso mesmo, nem sempre sejam reconhecidas como válidas. Calcadas, por um lado, nos valores mutualistas e solidaristas que ainda estão presentes nas representações e nos motivos da adesão dos trabalhadores rurais ao associativismo e, por outro, na necessidade de solucionar problemas concretos na prática, a cooperação espontânea é a principal responsável pela reprodução de certos grupos sociais, ao garantir um sistema de assistência social que oferece alimentos, remédios caseiros, cuidados com crianças e idosos. No plano do trabalho, desenvolvem-se esquemas de cooperação no plantio, principalmente na colheita, e ainda a troca de conhecimentos empíricos necessários para, literalmente, "salvar a lavoura" do ataque de pragas e da carência de adubação, com a preservação e o repasse de sementes crioulas, entre outras questões (Scopinho, 2007, 2012, Nóbrega, 2014, Sousa, 2015).

A empreitada da PST no mundo do trabalho rural exige também esforço ético e metodológico, no sentido de desenvolver um *olhar poliocular*, como diz Whitaker (2002), para superar as distâncias preconceituais que separam o campo e a cidade, uma vez que a sociabilidade rural é singular: o tempo de trabalho, por exemplo, nem sempre está desvinculado dos outros tempos da vida cotidiana, entre outras peculiaridades em relação ao mundo urbano. Isso ocorre mesmo nos cenários de novas ruralidades, nos quais, do ponto de vista produtivo, as atividades do rural e do urbano confundem-se, mas, do ponto de vista cultural e da sociabilidade cotidiana, ainda é possível perceber os traços de um Brasil *rural profundo*. As aproximações etnográficas são essenciais para a compreensão desses universos, mas elas devem ser confrontadas com a história particular de cada grupo, suas ideologias, posicionamentos políticos e interesses específicos. O trabalhador rural, ao contrário do que se possa pensar julgando pela sua condição de ser habitante e/ou trabalhador em um mundo que é ideologicamente considerado atrasado, é inteligente e astuto o suficiente para não se mostrar por inteiro aos que se aproximam sem antes realizar os devidos testes de aceitação dos pesquisadores no campo empírico – o que chamamos de *batismo de fogo* – ou de definir a sua forma de participação na pesquisa (Scopinho & Santos, 2014). Ainda sobre o método, a contradição é que trabalhar nesta perspectiva exige um olhar poliocular do ponto de vista disciplinar, mas direcionado e profundo, caso a caso, no que se refere à estratégia de investigação. O desafio tem sido o de construir esquemas teóricos mais amplos que possam abarcar a diversidade de casos existentes.

Do ponto de vista temático, investigar o trabalho rural requer aproximações com alguns campos imprescindíveis para a compreensão da sua dinâmica, entre eles o das políticas públicas em geral, o do meio ambiente, o dos movimentos sociais e o dos fluxos migratórios.

No que se refere às políticas públicas, em qualquer lugar do mundo a produção no rural não prescinde da oferta de um sistema público de créditos e subsídios de fomento à produção e comercialização, porque o processo produtivo rural, por mais que incorpore tecnologia de ponta, diferentemente da indústria, está sujeito às condições climáticas. Em outro nível, a existência de infraestrutura de transporte (estradas, pontes, hidro e ferrovias), de armazenamento, estocagem e comercialização (armazéns, silos, criação de redes de comercialização e mercados institucionais), de fornecimento de energia e de abastecimento de água, de assistência técnica e extensão rural são essenciais para que a produção rural se realize. As comunidades rurais carecem de educação e qualificação profissional, atenção à saúde, moradia, assistência e seguridade social tanto quanto as urbanas. É por meio das políticas públicas que o Estado oferece (ou não) essas condições. Então, compreender como o Estado tem respondido (ou não) às demandas da população rural via políticas públicas é fundamental para entender a situação social desses trabalhadores em relação aos trabalhadores urbanos e superar a barreira (preconceituosa) que não só classifica os do campo como atrasados, mas ainda os culpabiliza e responsabiliza por viverem nessa condição.

A análise do processo de elaboração e implantação das políticas públicas para o campo coloca em questão: a fragilidade das organizações representativas dos trabalhadores rurais descapitalizados na disputa pelos recursos; o papel dos mediadores (técnicos governamentais e não governamentais, movimentos sociais, pesquisadores, entre outros); a relação que se estabelece entre o conhecimento técnico e o conhecimento empírico na gestão do trabalho e dos modos de vida no campo; a morosidade e o descompasso entre os diferentes órgãos governamentais na distribuição dos recursos e implantação das ações; o desperdício de recursos públicos que não chegam até os beneficiários, ou não chegam no tempo certo para realizar os investimentos, ou chegam em partes que nunca são complementadas, entre outros problemas.

Assim, além da precariedade do trabalho rural – que por suas particularidades inviabiliza a existência e a manutenção de projetos de vida de longo prazo ao criar um modo de viver que caracteriza um constante ir e vir na busca pela sobrevivência –, os trabalhadores rurais vivenciam a *precariedade* da própria condição de vida no campo, que Bourdieu (1998) e Castel e Haroche (2001) definem como um modo de vida caracterizado por uma situação geral de escassez de recursos materiais e simbólicos, pela ausência de condições que permitam aos sujeitos viver com segurança e ser ativos no mundo. As consequências psicossociais dessa forma de trabalhar e viver são danosas para os sujeitos. Para Bourdieu (1998), a precariedade é típica de um modo de dominação que deixa os sujeitos em estado geral e permanente de submissão e aceitação da ordem social excludente. Para Castel (2004, p. 40), o principal significado da insegurança para os pobres "[...] ou a face sombria do Estado de direito, que deixa no ponto morto os que não têm propriedade [...]" é que ela, além de manter viva a pobreza, dissolve os laços sociais e corrói as estruturas psíquicas, deixando os sujeitos sem controle sobre o que lhes acontece.

Caso exemplar desses problemas são os percalços vivenciados pelos trabalhadores rurais assentados no processo organizativo dos assentamentos rurais recentemente criados, implantados e mantidos via políticas públicas compensatórias que, na prática, minam a ação dos movimentos sociais que demandam terra. Tais políticas, na verdade, impõem modelos organizativos para tratar questões relacionadas à cooperação e à produção agroecológica, mas não oferecem infraestrutura produtiva e qualificação necessária para os trabalhadores se adequarem às regras impostas (Scopinho, 2012, Gonçalves, 2015). Destaca-se o papel dos mercados institucionais na manutenção e na imposição de um determinado formato às experiências de associativismo rural, tendo em vista que este modelo organizativo é condição *sine qua non* para a adesão ao PAA – Programas de Aquisição de Alimentos – e ao Pnae – Programa Nacional de Alimentação Escolar[39], mantidos pelo governo (Melo & Scopinho, 2014). Isso quer dizer que as políticas públicas, ao mesmo tempo em que criam algumas condições de infraestrutura e de mercado para o pequeno produtor rural, também impõem modelos para a organização do trabalho e dos sistemas de produção que não são condizentes com as suas expectativas e características culturais. No entanto, contraditoriamente, é ao se depararem com esses percalços que os trabalhadores rurais conhecem a estrutura burocrática e de poderes que envolve o acesso aos recursos disponibilizados pelas políticas públicas na nossa sociedade, e acabam desenvolvendo estratégias de enfrentamento da pobreza estrutural, até porque não há outras saídas para superar a sua condição social diante dos limites impostos pela falta de recursos para produzir. Entre as estratégias de enfrentamento utilizadas encontram-se, além da produção de subsistência e comercialização do excedente, a reproletarização precária na cidade e/ou no campo, o cadastramento nos serviços assistenciais ligados ao Suas – Sistema Unificado de Assistência Social para receber os benefícios dos programas de transferência de renda, e o acesso às políticas públicas ligadas ao Plano Brasil Sem Miséria. O problema é que, nem mesmo se valendo deste conjunto de estratégias, eles superam a pobreza e a insegurança social (Scopinho, 2016).

A questão ambiental, atualmente e mais do que nunca, constitui um dos eixos fundamentais da luta social desses trabalhado-

---

39. O PAA e o Pnae são programas governamentais que criam mercados institucionais para o escoamento da pequena produção agropecuária. Por meio do PAA, criado em 2003, o governo compra e, simultaneamente, doa os alimentos para restaurantes populares, cozinhas comunitárias e bancos de alimentos, ou utiliza para a formação de cestas de alimentos (cestas básicas) e de estoques públicos. O Pnae existe desde a década de 1950 como programa de alimentação da rede de ensino público, e já foi renomeado e reformulado muitas vezes. No âmbito do Programa Fome Zero ele teve o valor *per capita* repassado ao aluno reajustado em 130%, foi estendido para creches, Ensino Médio e Fundamental e Ensino de Jovens e Adultos, devendo comprar dos pequenos produtores, pelo menos, 30% do total adquirido.

res, porque os recursos naturais são, essencialmente, os objetos de trabalho do homem do campo. Por um lado, compreender a forma pela qual os recursos naturais têm sido explorados no mundo rural contemporâneo e, por outro, a relação que o trabalhador tem com o meio ambiente é fundamental para entender algumas das razões da crise ambiental do nosso tempo e as possibilidades de sua superação. Do ponto de vista dos movimentos sociais do campo, a crítica ao modelo de desenvolvimento rural centrado na tecnologia poupadora de força de trabalho avança de uma crítica que aponta para os problemas sociais gerados pelo modelo de desenvolvimento rural capitalista (êxodo rural, analfabetismo, violência no campo, mortalidade dos seres vivos por contaminação dos alimentos, do ar, do solo e das águas, carestia dos alimentos e pobreza) para uma crítica política pelo controle do uso das sementes, do solo e das águas, pela luta contra os transgênicos e os agrotóxicos, em suma, pela reconversão e sustentabilidade das práticas agrícolas. Esses são desafios ambientais que, ao mesmo tempo, são desafios culturais, porque é neste campo temático onde mais se evidencia uma grande disputa entre as diferentes representações sociais de natureza e de sustentabilidade ambiental, a distância e a assimetria existentes entre o conhecimento técnico-científico e o conhecimento tradicional, entre outros.

Os estudos sobre o processo organizativo dos assentamentos rurais do tipo PDS – Projeto de Desenvolvimento Sustentável – e das comunidades tradicionais (ribeirinhos, quilombolas, fachinalenses, indígenas, entre outras) têm demonstrado que há grandes distâncias entre as noções de sustentabilidade socioambiental das práticas do Estado, dos movimentos sociais e dos trabalhadores quando se trata de repensar o modelo produtivo rural.

No caso dos assentamentos rurais, se não há dúvidas a respeito do grande potencial repositor da biodiversidade que eles contêm, são grandes os desafios tecnológicos para adequar as máquinas, os implementos, os insumos e os desafios culturais relacionados à capacitação dos trabalhadores para a prática da agroecologia. Diga-se de passagem, esses desafios não estão sendo enfrentados com a implantação de políticas de desenvolvimento rural adequadas às realidades dos sujeitos, mas com a burocracia das normas proibitivas de uso e de controle dos recursos naturais existentes, a exemplo do que, em geral, está posto nos Termos de Ajustamento de Conduta que têm sido estabelecidos entre os trabalhadores e o Estado como condição de acesso aos lotes de reforma agrária. Tais termos preconizam o plantio de árvores nativas, impedem os trabalhadores de usarem agrotóxicos e de praticarem queimadas, limitam a perfuração de poços artesianos, entre outros dispositivos, como estratégia de proteção dos recursos naturais, sem que haja contrapartida adequada do Estado na forma de créditos, de subsídios e de capacitação dos trabalhadores para cumpri-los (Gonçalves, 2010, Gonçalves & Scopinho, 2011).

O mesmo problema verifica-se em comunidades tradicionais que habitam áreas destinadas à conservação ambiental. Alvaides (2013), ao estudar como as memórias sociais dos moradores do Parque Estadual da Ilha do Cardoso/SP dialogavam com as diretrizes político-administrativas dos Planos de Manejo definidos para a implantação do parque, mostrou que os planos impuseram um novo ordenamento territorial que transformou as paisagens, o cotidiano e as identidades sociais dos seus moradores. No que se refere ao trabalho, a tradicional atividade agropecuária de subsistência praticada pelos caiçaras (principalmente o plantio e processamento da mandioca que chegou a ter o *status* de patrimônio cultural do lugar) foi substituída pela pesca e pelos serviços relacionados ao turismo, em nome da conservação da biodiversidade do lugar (Alvaides, 2013).

A equação homem-natureza nos tempos atuais não é binária e não pode ser enfrentada com dispositivos burocráticos que penalizam apenas os pequenos produtores rurais. Não há como negar a urgência da adoção de práticas agropecuárias conservacionistas e da implantação de medidas restritivas do uso abusivo dos recursos naturais, mas elas devem ser implantadas pelo conjunto dos produtores rurais, e não apenas pelos pequenos produtores.

Por último, a questão dos movimentos migratórios perpassa as trajetórias de trabalho e de vida desses trabalhadores e está na base da "doença do desenraizamento", como afirma Simone Weil (1996), devido à perda dos vínculos sociais e culturais provocados pelo êxodo. A migração nem sempre é escolha. Geralmente, é uma estratégia de sobrevivência, uma forma de lidar com a falta de trabalho, com a pobreza e com as diversas formas de expressão que tem a violência no campo no Brasil e no continente latino-americano. Como disse Martins (1981), os trabalhadores rurais brasileiros são migrantes típicos, ou porque exploram a terra de modo nômade ou porque buscam novos lugares para sobreviver. A falta de compreensão dos motivos que levam à migração e do significado das rupturas geradas em relação aos laços afetivos – e familiares, especialmente – torna igualmente incompreensíveis as dificuldades de "adaptação" e a necessidade constante de buscar novos lugares para trabalhar e viver. O alcoolismo e o uso de drogas aparecem como formas de conviver com aquilo que não se pode mudar (Andrade, 2003), a violência entre gêneros e entre os familiares como forma de solução de conflitos domésticos, entre outros problemas que são, geralmente, atribuídos à rudeza, à incivilidade ou à incapacidade do trabalhador rural de manter relações sociais adequadas dentro e fora do trabalho.

O estudo da trajetória de migração e de trabalho das 93 famílias acampadas no então Acampamento Sepé Tiaraju, em 2005, mostrou que elas eram originárias de 106 cidades situadas em 16 estados brasileiros e haviam migrado para outras 340 cidades brasileiras antes da ocupação da Fazenda Santa Clara em Serra Azul, SP. Os chefes ou responsáveis pelas mesmas 93 famílias mencionaram ter exercido 91 atividades diferentes ao descreverem as suas trajetórias de trabalho, das quais 78 no setor urbano (desde auxiliares de produção em diversos ramos, vendedores fixos ou ambulantes de diversos tipos de produtos, trabalhadores domésticos com diferentes especialidades até atendentes de serviços de saúde, educadores, entre outras ocupações) e 13 no rural (pecuária, serviços gerais em várias culturas, principalmente cana-de-açúcar). Em todos os casos, as atividades mencionadas, exercidas em diversos setores e ramos da economia formal e informal, caracterizavam-se pela incerteza dos vínculos e pela precariedade das condições de trabalho, a maioria denominada como "serviços gerais" ou "auxiliar de produção" (Scopinho, 2012).

Os assentamentos rurais são campos privilegiados para o estudo do formato que hoje assume o trabalho rural. Premidos pelas imposições do Estado por meio das políticas públicas compensatórias que envolvem a reforma agrária vigente, e internamente fragilizados pela falta de unidade política dos trabalhadores assentados, o processo organizativo desses assentamentos pena para lidar com a diversidade do feixe de trajetórias sociais e de trabalho dos assentados. Eles se tornam *assentamentos precários*, cuja marca é a insegurança social dos seus ocupantes. Os trabalhadores, ao mesmo tempo em que disputam os parcos recursos do Programa Brasil Sem Miséria, fazem "bicos", "dão uns pulos" ou reproletarizam-se para sobreviver: comercializam hortifrutigranjeiros produzidos no lote por meio do PAA; vivem das aposentadorias dos idosos; do trabalho feminino nas cidades, geralmente como diaristas; do trabalho temporário dos homens, principalmente na colheita da cana e do café, na construção civil, na operação de máquinas agrícolas na época de preparação do solo; da revenda de gêneros alimentícios industrializados e outros produtos de utilidade doméstica dentro do próprio assentamento (Scopinho, 2012). O mesmo problema foi detectado por Melo (2014) no Assentamento Mário Lago e Firmiano (2014), que mencionou a reproletarização como uma tendência que torna preocupante e que pode comprometer a consolidação dos projetos de assentamento de reforma agrária.

No que se refere ao trabalho, a situação das famílias assentadas revela-se mais claramente quando se leva em conta o problema da inserção profissional dos jovens. Ao estudar as suas representações sociais sobre trabalho rural e juventude nos assentamentos Mário Lago e Sepé Tiaraju, constatei que o trabalho rural era visto como *ajuda* para a família, estratégia provisória de subsistência econômica e de sociabilidade mantida até que aparecesse uma oportunidade melhor, preferencialmente urbana (Scopinho, 2013, 2015). As aspirações profissionais identificadas indicavam que a escola era vista como um caminho para superar essa condição provisória, mas nem todos tinham a oportunidade de estudar, o que selava um futuro de muito trabalho, mas sem profissão. Mesmo vivendo nas fronteiras da ruralidade, estava expressa nas representações sociais dos jovens a dicotômica relação rural-urbano que está no imaginário social sobre o campo. Tais representações ancoravam-se, por um lado, nos preconceitos que o urbano tem sobre o rural como lugar do atraso econômico e da ignorância cultural e, assim sendo, estaria condenado a ser apenas lugar para passeio e descanso. Por outro lado, igualmente se ancoravam na ideia de que a cidade é o lugar da Modernidade e da tecnologia e, portanto, onde se encontram as melhores oportunidades econômicas e culturais. No entanto, elas não se ancoravam apenas nas preconceituosas ideias sobre a relação campo-cidade, mas, sobretudo, na concreta constatação cotidiana da falta de infraestrutura para inserir profissionalmente os jovens, uma vez que eles necessitam de educação de qualidade que os prepare para viver no campo, de trabalho para ajudar no sustento da família de origem e para planejar o futuro da própria família e de condições para o lazer que os envolvesse em uma rede de sociabilidade a qual permitisse reproduzir a vida.

Nos assentamentos mencionados, os trabalhadores autodenominavam-se "*andorinhas*": aqueles que vão e vêm no percurso assentamento-cidade-assentamento em busca de trabalho e moradia, onde houver um jeito melhor para sobreviver. Movidos pela insegurança social, os assentados – ou pelo menos parte das famílias – vivem um processo de volta ao mercado de trabalho urbano, especialmente em busca de renda, e ainda dependem dos programas governamentais de controle da pobreza.

Em suma, o trabalho rural encontra-se atado na trama que se estabelece entre essas principais áreas temáticas, cujas combinações oferecem uma infinidade de objetos de estudo complexos e trazem novos desafios teóricos, metodológicos e éticos para a PST. Talvez um dos mais importantes seja o de crivar a infinidade de objetos de estudo possíveis com as demandas concretas dos trabalhadores do campo, de modo a tornar a ciência a sua aliada na luta cotidiana pela melhoria das condições de trabalho e de vida, e não o seu algoz, que pode contribuir para desempregar, desprover os sujeitos dos meios de subsistência e empurrá-los para as margens, onde só lhes resta o que Martins (1977) chamou de *processo de exclusão-inclusão precária*.

Concretamente, no contexto de um mosaico de ruralidades hoje existentes no território nacional e na América Latina, tão diverso quanto são as possibilidades de conexões entre os da cidade e os do campo, a PST pode se ocupar de problemas tais como: as consequências psicossociais dos processos migratórios realizados em busca de trabalho; os processos identitários no contexto de exclusão-inclusão precária no mundo do trabalho; as representações dos sujeitos sobre supostos pares antagônicos, tais como: trabalho urbano-rural, desenvolvimento-atraso, tecnologia-improviso, gestão do trabalho familiar-gestão empresarial, entre tantos outros.

Referências

Abramo, H. W., & Branco, P. P. M. (2005). *Retratos da juventude brasileira: análises de uma pesquisa nacional.* São Paulo: Fundação Perseu Abramo/Instituto Cidadania.

Abramoway, R. (2000). Funções e medidas da ruralidade no desenvolvimento contemporâneo. RJ, Ipea. Recuperado em 2 de maio, 2001, de www.ipea.htmlipea.html..\tela_princ.htm

Albuquerque, F. J. B., Lôbo, A. L., & Raymundo, J. da S. (1999). Análise das repercussões psicossociais decorrentes da concessão de benefícios rurais. *Psicologia: Reflexão e Crítica, 12*(2), 503-519.

Albuquerque, F. J. B. (2002). Psicologia Social e formas de vida no Brasil rural. *Psicologia: Teoria e Pesquisa, 18*(1), 37-42, jan./abr.

Albuquerque, F. J. B., Lôbo, A. L., Raymundo, J. da S., Coelho, J. A. P. de M., Nóbrega, A. F. da, Lacerda, C. de S., & Maribondo, O. F. (2005). Integração entre assentados agrários e comunidades vizinhas. *Psicologia em Estudo, 10*(3), 499-506, set./dez.

Alvaides, N. K. (2013). De sem-terra a Sem Terra: memórias e identidades. *Psicologia & Sociedade, 25*(2), 288-297.

Alvaides, N. K., & Scopinho, R. A. (2013). *Tradições traduzidas: um estudo psicossocial sobre as memórias sociais dos moradores da comunidade do Marujá, Parque Estadual da Ilha do Cardoso.* São Carlos, UFSCar (Mestrado em Psicologia).

Andrade, A. F. de (2003). *Cana e crack: um estudo sobre os trabalhadores do corte da cana e o consumo de crack.* São Paulo, PUC (Mestrado em Psicologia Social).

Bonomo, M., Trindade, Z. A., Souza, L. de, & Coutinho, S. M. dos S. (2008). Representações sociais e identidades em grupos de mulheres ciganas e rurais. *Psicologia, 22*(1), 153-181.

Bourdieu, P. (1998). A precariedade está hoje por toda a parte. In: Bourdieu, P. *Contrafogos. Táticas para enfrentar a invasão neoliberal* (pp. 119-127). Rio de Janeiro: Jorge Zahar Ed.

Cândido, A. (1971). *Parceiros do Rio Bonito. Estudo sobre o caipira paulista e a transformação dos seus meios de vida* (2a ed). São Paulo: Livraria Duas Cidades.

Castel, R., & Haroche, C. (2001). *Propriété privée, propriété sociale, propriété de soi.* Paris: Fayard.

Castel, R. (2004). *La inseguridad social. ¿Qué es estar protegido¿* Buenos Aires: Manantial.

Dieese – Departamento Intersindical de Estatísticas e Estudos Socioeconômicos (2005). Juventude: diversidades e desafios no mercado de trabalho metropolitano. *Estudos e Pesquisas*, São Paulo, Dieese, 11.

Dieese – Departamento Intersindical de Estatísticas e Estudos Socioeconômicos (2014). O mercado de trabalho assalariado rural. *Estudos e Pesquisas*, São Paulo, 74.

Fernandes, B. M. (2001). Velhos e novos mitos do rural brasileiro. *Estudos Avançados, 15*(43), 37-50.

Fernandes, B. M. (2003). Espaços agrários de inclusão e exclusão social: novas configurações do campo brasileiro. *Currículo Sem Fronteiras, 3*(1), 11-27, jan./jun.

Firmiano, F. D. (2014). *O padrão de desenvolvimento dos agronegócios no Brasil e a atualidade histórica da reforma agrária.* Araraquara, Universidade Estadual Paulista Júlio de Mesquita Filho (Tese de Doutorado).

Garcia, J. R. (2014). Trabalho rural: tendências em face das transformações em curso. In: Baunain, A. M., Alves, E., Silveira, J. M. da, & Navarro, Z. *O mundo rural no Brasil do século 21.* Brasília: Embrapa.

Graziano da Silva, J. (1999). *O novo rural brasileiro.* Campinas, Unicamp/IE (Coleção Pesquisa 1).

Gomes, J. A. (2003). *O canavial como realidade e metáfora: leitura estratégica do trabalho penoso e da dignidade no trabalho dos canavieiros de Cosmópolis.* São Paulo, Ipusp (Doutorado em Psicologia).

Gonçalves, J. C. (2010). *Reforma agrária e desenvolvimento sustentável? a difícil construção de um assentamento rural agroecológico em Ribeirão Preto/SP.* São Carlos, Universidade Federal de São Carlos (Mestrado em Sociologia).

Gonçalves, J. C., & Scopinho, R. A. (2011). Assentamentos rurais agroecológicos no nordeste paulista: as experiências dos assentamentos Sepé Tiarajú e Mário Lago – região de Ribeirão Preto/SP. In: Sônia M. P. P. Bergamasco, Julieta T. Aier de Oliveira, & Vanilde F. de Souza Esquerdo (Orgs.). *Assentamentos rurais no século XXI: temas recorrentes.* Campinas: Feagri/Unicamp: Incra, *1*, 453-476.

Guimarães, A. P. (1997). O complexo agroindustrial. *Revista Reforma Agrária,* ano 7(6), nov./dez.

Leite, J. F., & Dimenstein, M. (Orgs.) (2013). *Psicologia e contexto rural.* Natal: Editora da UFRN.

Martins, J. de S. (1981). *Os camponeses e a política no Brasil.* Petrópolis: Vozes.

Martins, J. de S. (1997). *Exclusão social e a nova desigualdade.* São Paulo: Paulus.

Martins, P. de O., Trindade, Z. A., & Almeida, A. M. de O. (2003). O ter e o ser: representações sociais de adolescência entre adolescentes de inserção urbana e rural. *Psicologia: Reflexão e Crítica, 16*(3), 555-568.

Martins, A. M. (2010). A formação em Psicologia e a percepção do meio rural: um debate necessário. *Psicologia: Ensino & Formação, 1*(1), 83-98.

Melo, T. G., & Scopinho, R. A. (2015). Participação em cooperativas de assentamentos rurais: estudo sobre os sentidos do trabalho. *Psicologia em Estudo* (Impresso), *20*, 529-541.

Melo, T. G. (2014). Relações de participação e o Programa de Aquisição de Alimentos (PAA): considerações em uma cooperativa autogestionária. In: *VI Encontro da Rede de Estudos Rurais,* Campinas 2 a 5 de setembro de 2014. Desigualdades, exclusão e conflitos nos espaços rurais (Anais em CD-ROM).

Melo, T. G. (2015). Sentidos do trabalho e formas de participação: o caso da Cooperares – Cooperativa de Produtores Rurais de Agrobiodiversidade Ares do Campo, Assentamento Mário Lago, Ribeirão Preto/SP. São Carlos, Universidade Federal de São Carlos (Mestrado em Psicologia).

Neves, D. P. (2002). Agricultura familiar e o claudicante quadro institucional. In: Lopes, E. S. A., Mota, D. M. da, & Silva, T. E. M. da (Orgs.). *Ensaios: desenvolvimento rural e transformações na agricultura.* Aracaju, Universidade Federal de Sergipe/Embrapa, pp. 131-159.

Nóbrega, J. da S. (2013). *A produção da vida como política no cotidiano: a união de terras, trabalho e panelas no "grupo coletivo 14 de agosto", em Rondônia.* São Paulo, Ipusp (Doutorado em Psicologia Social).

Queiroz, M. I. P. (1973). *Bairros rurais paulistas. Dinâmica das relações bairro rural-cidade.* São Paulo: Editora Duas Cidades.

Scopinho, R. A., Eid, F., Vian, C. E., & Silva, P. R. C. da (1999). Novas tecnologias e saúde do trabalhador: a mecanização do corte da cana-de-açúcar. *Cadernos de Saúde Pública, 15*(1), 147-161, jan./mar.

Scopinho, R. A. (2003). *Vigiando a vigilância: política e prática de saúde e segurança no trabalho em tempos de qualidade total.* São Paulo: Annablume, Ed. Fapesp.

Scopinho, R. A. (2012). *O processo organizativo de assentamentos rurais: trabalho, condições de vida e subjetividades.* São Paulo: Annablume, Ed. Fapesp.

Scopinho, R. A. (2013). Serei também uma andorinha? Sobre as condições de inserção e permanência de jovens em assentamentos rurais. In: Severi, F. C., Andrade Jr., J. R. P. de, & Silva, A. P. S. da (Orgs.). *O agrário e o ambiental no século XXI: estudos e reflexões sobre a reforma agrária.* Curitiba: CRV, pp. 97-119.

Scopinho, R. A. (2015). Políticas públicas e o lugar do jovem no mundo rural. In: Coutinho, M. C. (Org.). *Psicologia Social do Trabalho: olhares críticos sobre o trabalho e os processos organizativos.* Porto Alegre: Editora da Abrapso.

Scopinho, R. A. (2016). *Trabalho precário, políticas públicas e insegurança social: processos de subjetivação e ruralidades no nordeste paulista.* São Carlos, Universidade Federal de São Carlos (Relatório de Pesquisa apresentado à Fapesp – Fundação de Amparo à Pesquisa do Estado de São Paulo, processo 2014-23019-1).

Scopinho, R. A., & Santos, C. dos. Batismo de fogo e gravador desligado: notas sobre embaraços vividos pelo pesquisador no cotidiano do trabalho de campo. *Cadernos de Psicologia Social do Trabalho, 17*(2), 266-280.

Sousa, C. C. (2016). *Sem-terra com terra: contradições e potencialidades na organização coletiva e produtiva de assentamentos rurais.* Campinas, Pontifícia Universidade Católica de Campinas (Doutorado em Psicologia).

Stolf, M. C. (2007). *Os sentidos atribuídos por agricultores às tecnologias utilizadas em seu cotidiano de trabalho.* Florianópolis, UFSC (Mestrado em Psicologia).

Szmrecsányi, T. (1994). Tecnologia e degradação ambiental: o caso da agroindústria canavieira no Estado de São Paulo. *Informações Econômicas, 24*(10), 73-78, out.

Veiga Filho, A. de A., Santos, Z. A. P. de S., Veiga, J. E. R., Otani, M. N., & Yoshii, R. J. (1994). Análise da mecanização do corte da cana-de-açúcar no Estado de São Paulo. *Informações Econômicas, 24*(10), 43-58, out.

Veiga, J. E. da. (2004). Destinos da ruralidade no processo de globalização. *Estudos Avançados, 18*(51), 51-67.

Weil, S. (1996). Desenraizamento. In: Bosi, E. (Org.). *Simone Weil: a condição operária e outros estudos sobre a opressão* (2a ed.). Rio de Janeiro: Editora Paz e Terra.

Whitaker, D. C. A. (2002). *Sociologia rural: questões metodológicas emergentes.* Presidente Venceslau/SP: Editora Letras a Margem.

7
DIFERENTES FACES DO TRABALHO NO CONTEXTO URBANO

Leny Sato
Universidade de São Paulo

1 O mapa arqueológico revelando as diferentes faces do trabalho

Como já apresentado no capítulo 2, *As realidades brasileiras*, o que emerge como realidades de trabalho no Brasil é uma imagem complexa, heterogênea e desigual. Afirma Octavio Ianni (1994) que muitos foram os intelectuais brasileiros que fizeram o esforço de compreender a modernização do Brasil, "procurando explicar o presente, exorcizar o passado e imaginar o futuro" (p. 36). E a ideia de modernização se expressa por realidades simbólicas e materiais, buscando evidenciar para nós mesmos que, sim, somos modernos.

> Tanto no nível do pensamento como no das práticas de governantes e grupos sociais mais poderosos, observa-se impaciência, pressa, sofreguidão. Algumas realizações famosas dão uma ideia desse clima. A construção da cidade de Brasília pretende simbolizar o Brasil Moderno, representa o coroamento de uma larga história de intenções de tornar o Brasil contemporâneo do seu tempo. Uma capital nova, feita sob medida, lançada em traços audaciosos, nas proporções do século XXI – e povoada pela mesma humanidade que se pretendia esquecer ou exorcizar (Ianni, 1994, p. 36).

Essa imagem, aliada ao que já ouvimos seguidas vezes sobre o Brasil – de ser um país "em desenvolvimento" ou um país "emergente" –, traz algumas decorrências. Uma delas diz respeito à imagem que temos da realidade de trabalho em nosso país. Pensarmo-nos como "modernos" remete à imagem de trabalho como aquele existente nas grandes empresas, nacionais e multinacionais, no trabalho urbano, industrial e de serviços. No que se refere às suas características, seria o trabalho que utilizaria tecnologia de ponta, que estivesse em consonância com o movimento do capital internacional e revertesse divisas para os países de origem dos conglomerados internacionais. Tratando-se de empresas com essas características, o assalariamento seria a modalidade de relação de trabalho prioritária. Enfim, o imaginário do Brasil como país moderno induz-nos a pensar a nossa realidade de trabalho com feições muito próximas às presentes nos países de capitalismo central.

Diante desse imaginário, é compreensível que a Psicologia Social do Trabalho (PST) tenha, inicialmente, sido convocada a estudar e a intervir de forma prioritária em contextos de trabalho urbano, regulado e protegido pelo Estado[40]. Ou seja, a PST teve como objeto inicial as condições do emprego.

É importante destacar que essas pesquisas tiveram e têm papel importante no sentido de constituírem um campo de estudos com claro posicionamento político e ético, voltando-se para a realidade dos trabalhadores, trazendo o seu ponto de vista, suas condições de vida no trabalho, contrapondo-se à visão do capital, gerencial e tecnocrática. O Brasil, felizmente, conta com muitos estudos nesse âmbito e que são característicos da PST. Estudos sobre imaginário do trabalho – representações sociais, sentidos, significados (Sato, 1993, Coutinho, 2009, Souza & Moulin, 2014) –, sobre práticas de controle e resistência (Lima, 1995), sobre a relação entre subjetividade e trabalho (Tittoni, 1994), sobre os problemas para a saúde dos trabalhadores (Oliveira, 2007, Bernardo, 2009, Navarro, 2006, Maciel, Santos & Rodrigues, 2015, Paparelli, Sato & Oliveira, 2011) e acerca dos desafios para replanejar o trabalho (Sato, 2002), são alguns dos objetos teóricos construí-

40. São empregados com registro em carteira de trabalho, com direito a férias, FGTS (Fundo de Garantia por Tempo de Serviço) e têm direito aos benefícios da Previdência Social.

dos a partir dessa visada que jogou luz no cotidiano de trabalho dos trabalhadores assalariados. Os estudos que focalizam esses contextos se beneficiam do apoio de vasta literatura crítica internacional produzida em países europeus no campo das ciências humanas, sociais e da saúde. A referência, pois, é a sociedade salarial, tal qual concebida por Robert Castel (1998), cuja base é o trabalho assalariado e o Estado de Bem-Estar Social, e que tem os países de capitalismo central como referência. É louvável o que se tem pesquisado no Brasil sobre as condições e qualidade do emprego em várias regiões do país. Pode-se constatar esse desempenho dos estudos ao consultar bases de dados de periódicos científicos de psicologia e psicologia social, bem como os bancos de dados de dissertações e teses que darão acesso a centenas de pesquisas com enfoque na realidade cotidiana de diversas categorias profissionais. São muitos os méritos desses estudos sobre a realidade brasileira, dentre os quais está o de tornar públicas as condições de trabalho nessas empresas, passo importante para qualquer intervenção.

Nesse contexto, os vínculos de trabalho são protegidos pela legislação trabalhista (CLT) e previdenciária e pelas organizações em defesa dos interesses dos trabalhadores, os sindicatos[41]. Com isso, ao menos em tese, as relações capital-trabalho e empregador-empregado dão-se segundo enquadramentos relativamente previsíveis, no contexto da sociedade de direitos, norteando as posições e os papéis sociais no mercado de trabalho. Ao menos em tese, estariam aqui presentes condições mais estáveis e seguras.

O trabalho regulado e protegido, entretanto, é apenas uma parte da realidade do trabalho no Brasil, pois, atendo-nos aos centros urbanos, uma outra face do trabalho também se faz presente: o que denominamos de trabalho informal.

No Brasil, convivem lado a lado o trabalho formal e o informal, o moderno e o arcaico, realidade essa que pode ser vista como um caleidoscópio.

---

41. Sabemos que o aparato legislativo de proteção do trabalho é objeto de críticas por estar aquém do que seria desejável para garantir os interesses dos trabalhadores, mas não adentraremos nessa discussão.

Nesse sentido, Octavio Ianni (1994) afirma:

> O presente, em cada época, parece um mapa histórico, ou melhor, arqueológico, no qual se combinam vários pretéritos. Vista em perspectiva histórica, a formação social brasileira se apresenta como um complexo de formas econômicas onde se articulam e mais ou menos frouxamente se entrosam entre si as mais variadas situações (p. 60).

E continua:

> O presente capitalista, industrializado, urbanizado, convive com vários momentos pretéritos. Formas de vida e trabalho díspares aglutinam-se em um todo insólito. A circulação simples, a circulação mercantil e a capitalista articulam-se em um todo no qual comanda a reprodução ampliada do capital, em escala internacional (pp. 60-61).

Esse mapa arqueológico justifica a importância de olhar outras faces do trabalho. Com isso, a ideia de que o Brasil moderno seria uma realidade homogênea – na qual o processo de desenvolvimento nos levaria a ser como um país de capitalismo central – é uma ficção.

O desemprego infelizmente é uma realidade presente e constante para parcelas significativas da população, ou é um fantasma sempre à espreita, a ameaçar. Para outras, entretanto, nem o desemprego as atinge, pois o emprego com carteira assinada – com direito a férias remuneradas, décimo terceiro salário, Fundo de Garantia por Tempo de Serviço (FGTS) e benefícios previdenciários, como o auxílio-doença e a aposentadoria – nunca foi e nunca fará parte de sua condição de trabalho[42]. Dada essa desproteção, não por acaso existem outras modalidades de trabalho e de meios para prover a sobrevivência numa sociedade como a brasileira.

---

42. Infelizmente, numa sociedade em que parcela significativa da população não conta com esses direitos, criam-se discursos ideologicamente marcados em que os trabalhadores protegidos pela legislação são identificados como privilegiados, fomentando uma divisão da classe-que-vive-do-trabalho (Antunes, 1995). Ao mesmo tempo tais discursos invisibilizam a extrema desigualdade social provocada pela exploração do trabalho.

É ao trabalho desenvolvido fora da relação de assalariamento (de emprego) que esse capítulo vai se dedicar. Dados de 2016 apontam 41,5 milhões de trabalhadores informais (Ipea, 2016)[43]. Entretanto, embora essa realidade atinja mais da metade dos trabalhadores no Brasil, ela praticamente não comparece nas pesquisas e nas intervenções em psicologia do trabalho. Por isso, podemos dizer que, até o momento, construímos uma psicologia do emprego, e não do trabalho.

Nas ciências sociais e na economia o tema do trabalho fora da relação de assalariamento (emprego) tem merecido a atenção de muitos estudos. São vários os esforços para conceituar a miríade de trabalhos que escapam à relação de assalariamento. "Trabalho informal" é uma das denominações bastante utilizadas, mas é problemática, pois congrega situações muito heterogêneas, o que reduz o seu potencial descritivo e explicativo[44]. Apesar disso, ela tem conseguido dar visibilidade à multiplicidade de trabalhos que geralmente são mantidos à margem de muitos estudos.

Dada a diversidade de configurações do trabalho, tem sido necessário criar e adotar outras ferramentas conceituais capazes de elucidar a peculiaridade e a diversidade dessa realidade. Iniciativas nesse sentido são oriundas da sociologia. Como se verá a seguir, alguns autores analisam o fenômeno do trabalho nos centros urbanos sob diversas óticas.

Ricardo Antunes (1995) aponta a existência de uma "classe-que-vive-do-trabalho", a qual abrange todo o contingente de trabalhadores, incluindo aquela parcela cujo trabalho é regido pela Consolidação das Leis do Trabalho (CLT).

Jessé de Souza (2010) entende que na sociedade pós-fordista, no contexto do capitalismo financeiro, a heterogeneidade da "nova classe trabalhadora" inclui o que ele denomina de "bata-

---

43. Cf. http://www.ipea.gov.br/portal/index.php?option=com_content&view=article&id=28907&Itemid=9

44. Cf., a esse respeito, Sato (2011).

lhadores" e de "ralé estrutural" (Souza, 2009)[45]. A ralé estrutural é o segmento da população brasileira desprovida de capital econômico e cultural, mas, sobretudo, desprovida de precondições sociais, culturais e morais para adquirir esses capitais. O autor utiliza o termo "ralé" não para ofender pessoas desse segmento social composto por

> pessoas já tão sofridas e humilhadas, mas para chamar a atenção, de modo provocativo, para nosso maior conflito: o abandono social e político, "consentido por toda a sociedade", de toda uma classe de indivíduos "precarizados" que se reproduz há gerações enquanto tal (Souza, 2009, p. 21)[46].

A ralé é o segmento da população visto no debate público como "um conjunto de indivíduos carentes e perigosos" (Souza, 2009, p. 21), tratados fragmentariamente quando se fala de violência, segurança pública, problema da escola pública, dentre outros. Por sua vez, os "batalhadores", situados entre a ralé e a classe média, compõem uma "classe incluída no sistema econômico, como produtora de bens e serviços que antes eram privilégio das classes média e alta" (Souza, 2010, p. 26). Eles fazem parte dos emergentes que dinamizaram a economia brasileira na última década e que alguns denominaram de "nova classe média", mas que Souza prefere chamar de "nova classe trabalhadora brasileira" (Souza, 2010, p. 26). Fazem parte dos "batalhadores" os empreendedores, como os feirantes, por exemplo.

Na leitura de Vera da Silva Telles (2010), o estudo da cidade contemporânea, como a megalópole de São Paulo, deve incluir como trabalho a atividade ilícita, como o tráfico de drogas, por exemplo. Isso não significa que a autora defenda essa atividade, mas o reconhecimento de sua existência na dinâmica da vida da

---

45. Na concepção de Souza (2009), classe social não é definida apenas segundo parâmetros econômicos, mas deve incluir categorias simbólico-culturais. Souza (2010) apoia-se em Pierre Bourdieu.

46. Note-se que a ralé não tem condições de ser parte do exército industrial de reserva, conforme Marx, pois não teve condições de adquirir conhecimentos para trabalhar com a tecnologia existente na empresa moderna.

cidade, o que é relevante para se compreender os vínculos da população com o trabalho ilícito[47]. Por se tratar de sociedade pós-fordista, há muitos tipos de trabalho fora da relação de assalariamento. Como afirma a autora, expandiu-se a economia informal que convive com os "circuitos globalizados da economia" (Telles, 2010, p. 13); o trabalho a domicílio e o trabalho autônomo são redefinidos e passam, mais e mais, a fazer parte de uma extensa cadeia de subcontratação[48]. Os mercados locais convivem com o comércio clandestino e com as máfias locais.

A busca de compreensão da singularidade do processo de urbanização dos países de capitalismo periférico levou Milton Santos (2004), geógrafo, a conceber a existência de dois circuitos da economia: circuito superior e circuito inferior. O circuito superior congrega empresas cuja finalidade é reproduzir o capital utilizando-se de tecnologia de ponta e capital intensivo, como, por exemplo, as grandes empresas multinacionais; por sua vez, o circuito inferior da economia reúne as empresas cuja finalidade primeira é servir o mercado local e garantir a sobrevivência (e não reproduzir o capital), realizar trabalho intensivo e reutilizar tecnologias (bricolagem), como é o caso do pequeno estabelecimento comercial. Ao conceber o circuito inferior, Milton Santos joga luz para realidades de trabalho como o pequeno negócio que é mantido pela família: o bar, a padaria, as bancas nas feiras livres, a quitanda, o bazar e a papelaria, o açougue, os pequenos salões de beleza etc. Cada circuito, pois, tem características que lhe são peculiares. Note-se que os dois circuitos mantêm relação entre si: uma relação contínua e tensa na qual há dominância do superior sobre o inferior. Apesar disso, observa-se que o circuito inferior também pode influenciar o superior. Exemplo nesse sentido é o caso de grandes redes de supermercados (circuito superior) que, mesmo confrontando e ameaçando a existência das feiras livres (circuito inferior), copiam traços estéticos das bancas das feiras

47. Devemos pensar, p. ex., o recrutamento de crianças e adolescentes para o exército do tráfico de drogas.

48. A esse respeito, cf. o caso da indústria calçadista de Franca em Navarro (2006).

e, em alguns casos, buscam reproduzir padrões de sociabilidade nelas presentes[49]. A contribuição de Milton Santos prevê o protagonismo de um amplo leque de tipos de empresa, de trabalho e de relações de trabalho. O autor construiu essa leitura com o intuito de contemplar as características das sociedades nos continentes latino-americano e africano. A realidade comum de trabalho em países africanos lusófonos e no Brasil é retratada na coletânea organizada por Estevão e Évora (2014).

Francisco de Oliveira (2013)[50], em seu clássico *O ornitorrinco*, reafirma sua leitura de que os setores "modernos" (indústria, p. ex.) se alimentam dos "atrasados" (agricultura de subsistência, p. ex.), não havendo, portanto, dualidade entre eles.

Como se pode ver, todas essas contribuições jogam luzes sobre o caleidoscópio descrito por Ianni (1994), problematizando-o a partir de disciplinas distintas. Apesar das diferenças, algo em comum emerge de todas as contribuições: o fato de que as configurações do trabalho apontam os limites de operar com categorias dicotômicas: emprego-desemprego; formal-informal; legal-ilegal. Todas elas anunciam que o fenômeno trabalho é bastante complexo e que o emprego é apenas uma das modalidades de trabalho existentes.

2 A Psicologia Social mirando o trabalho

Para a psicologia, o "emprego" foi o alicerce que deu sustentação à construção do campo e orientou a configuração de seus objetos teóricos, norteando a compreensão sobre o que é "trabalho". Esse olhar teve repercussões para a investigação e para as práticas da psicologia nos países da América Latina. A esse respeito, Peter Spink aponta:

---

49. É característico da feira livre um tipo de sociabilidade na qual freguesas e feirantes conversam mais livremente, trocam informações sobre produtos e receitas. Uma grande rede de supermercado, além de copiar a estética das bancas para expor os produtos, também contratava senhoras que estimulavam a conversa sobre produtos, receitas etc.

50. Esse ensaio foi originalmente publicado em 2003.

> Esse cenário coloca a psicologia do trabalho, enquanto campo de conhecimento, em posição difícil. Primeiro, porque grande parte de suas teorias foi – como não poderia deixar de ser – construída sob a mesma perspectiva hegemônica que influenciou a OIT: a do trabalho assalariado e sindicalizado em uma empresa de porte suficiente para fiscalizar condições e assegurar direitos previdenciários (Spink, 2009, p. 228).

A psicologia do trabalho fixou-se nas "profissões, nos gestores e nos grupos de trabalhadores mais fáceis de definir" (Spink, 2009, p. 228). Portanto, ficaram fora do universo passível de estudo muitas situações de trabalho, incluídas as que costumeiramente se designam por "trabalho informal", ou, como denominamos em outro local, "profissões ignoradas" (Sato, 2011).

Alguns estudos de psicologia sobre o trabalho informal servem-se de categorias de análise que foram construídas para o estudo do trabalho assalariado e definem como problemas aqueles observados nesses tipos de trabalho, tais como satisfação no trabalho, sofrimento no trabalho, comprometimento etc. Restringir-se ao uso dessas ferramentas teórico-conceituais pode dificultar o reconhecimento dos problemas próprios do trabalho informal.

A fim de aproximar-se da singularidade e da especificidade do trabalho informal, a psicologia pode se beneficiar do conhecimento proveniente de outras disciplinas, como os produzidos pela sociologia acima citados, bem como adotar caminhos metodológicos que permitam conhecer as formas utilizadas pelas pessoas para "criar trabalho".

Mais uma vez, conhecer a contribuição de outras disciplinas é importante, possibilitando alcançar uma visão panorâmica, de modo a situar cada caso particular no contexto mais amplo. Diante disso, a PST tem como desafio identificar os problemas que demandam investigação e intervenção a partir do horizonte de visibilidade do cotidiano. Tal desafio reside em olhar para essas diferentes faces do trabalho, respeitando a singularidade de cada uma delas. Isso requer que a pesquisa e a intervenção sejam orientadas por ferramentas teórico-conceituais propícias à manifestação da singularidade dos fenômenos estudados. Como bem nota Spink (2009), olhar para essa esfera de atividades de trabalho implica situar-se num campo no qual os aparatos teórico-metodológicos ainda estão por ser construídos.

No interior da polimorfia do trabalho há uma forte clivagem entre trabalho e emprego. Florence Weber (2009) nos mostra como o olhar sobre o "trabalho" fora do "emprego" abre muitas possibilidade de reflexão não apenas sobre as condições do próprio emprego, mas também sobre as diversas modalidades de atividades desenvolvidas paralelamente a ele[51].

É elucidativo o cuidado de Weber para nominar essas atividades paralelas, considerando-se a cultura, os valores e o lugar que elas ocupam na vida das pessoas. Percorrendo o texto, vê-se a diversidade de termos que a autora utiliza para designar esse "trabalho": trabalho suplementar, trabalho paralelo, lazer, bricolagem, passatempo, trabalho não declarado, trabalhos manuais, atividades extraprofissionais, segundo (trabalho) assalariado, trabalho no exterior[52]. Ao lado disso, Weber refletiu sobre eixos possíveis de análise: mercantil/não mercantil, legal/ilegal, trabalho independente/trabalho assalariado.

A concepção mercantil de trabalho é forte, tendo-se como "norma" do que é trabalho aquele instituído com o trabalho industrial no contexto da sociedade capitalista. Trabalho *stricto sensu* para Yves Schwartz (apud Nouroudine, 2011) é "um fornecimento remunerado de bem ou serviço em uma sociedade mercantil e de direito" (p. 70). As situações e atividades que estiverem fora dessa norma seriam cópias imperfeitas, e são elas o **trabalho não mercantil** e o **trabalho informal**. Assim, para nós, trabalho virou sinônimo de emprego. A economia torna-se a re-

51. O caso estudado é o de operários numa grande fábrica de uma pequena cidade no interior da França que se dedicam a diversas atividades paralelas ao emprego; seu interesse, especificamente, eram as "práticas de trabalho fora da fábrica" (p. 71).

52. Exterior da usina.

ferência para se pensar o trabalho. Abdallah Nouroudine[53] (2011) afirma:

> O desenvolvimento das atividades produtivas conheceu tamanho impulso nas sociedades ocidentais que o trabalho mercantil passou a se constituir em determinante de pertencimento social. A importância do trabalho mercantil é tamanha que, na linguagem corrente, os termos trabalho e trabalho mercantil se impuseram como sinônimos (pp. 70-71).

Tal aspecto remete à "cultura do emprego", como estudado por Fabiana Jardim (2009), na qual a integração social apenas ocorreria mediante a relação de assalariamento.

A redução do conceito de trabalho ao de trabalho mercantil também está presente no imaginário dos trabalhadores, pois, ao reconstruírem suas trajetórias de trabalho, eles omitiam os trabalhos remunerados que escapavam às "profissões" tradicionais e aos vínculos socialmente reconhecidos como "formais" (Azevedo et al., 1998).

Debruçar-se sobre as diferentes faces do trabalho que não se encaixam no emprego assalariado, regulado e protegido não significa que estejamos conformados com a precariedade de muitas dessas situações. Trata-se, antes, de reconhecer que elas existem e que parece pouco provável que, no atual contexto histórico do Brasil, a sua extinção dará lugar ao trabalho protegido pelo Estado de Bem-Estar Social. Os trabalhos à margem do mercado formal de emprego nos dão elementos para refletir sobre como as pessoas lidam com essa situação. Nesse "fora da regulação" observa-se um conjunto de características, de lógicas próprias para criar trabalho e de trabalhar, além de regras que orientam a convivência das pessoas nos contextos laborais. Para conceber políticas públicas com vistas a garantir proteção social é imprescindível compreender essa realidade e encontrar meios que dialoguem com a lógica que lhe é própria. É importante não naturalizar ou romantizar situações de precariedade.

---

53. Nouroudine é pesquisador da União de Comores, na Costa Oriental da África.

3 A polimorfia do trabalho em centros urbanos

Há espaços que reúnem uma multiplicidade de formas de trabalho. O estudo do trabalho na feira livre, por exemplo, chamou a atenção para essa realidade nos grandes centros urbanos (Sato, 2012). A feira livre reúne diversos tipos de trabalhadores, mesclando o trabalhador formal (o feirante titular) com um amplo leque de trabalhadores informais (ajudantes, vendedores de lanche e produtos para os feirantes, guardadores de carro, carregadores de mercadoria, catadores de material reciclável etc.).

Atento às diferentes faces do trabalho, Peter Spink (2009) volta a sua preocupação para o que denominou de nanoeconomia: "a batalha cotidiana para criar possibilidades, o dia a dia dos microeventos da economia popular, a solidariedade que vem do reconhecimento da situação do outro" (p. 231). Dela fazem parte:

> a miniloja na esquina que vende os produtos necessários para o dia a dia para as pessoas que não têm espaço para guardar ou que não têm geladeira; a loja improvisada na garagem ou na porta de entrada da casa que vende roupas de segunda mão; serviços de reparos e de consertos de roupas e de equipamentos. Todos frequentemente sem alvará, sem registro, mas construindo possibilidades econômicas de sobrevivência a partir de sua utilidade no micro lugar, no quarteirão, na comunidade (Spink, 2009, p. 231).

Uma caminhada por uma favela localizada na Zona Oeste do município de São Paulo permite-nos ver que no interior da grande maioria das casas, por menor que sejam os imóveis, as pessoas praticam alguma atividade econômica. Chama a atenção o fato de em muitas casas haver um misto de espaço doméstico e espaço de trabalho. Ali estão instalados um pequeno salão de beleza, um pequeno bazar, um pequeno armazém, um pequeno bar ou um pequeno restaurante. Mesmo nas casas onde parece não haver separação entre os espaços privado e público, aparentando ser apenas locais de moradia, constata-se que o espaço doméstico tem também um uso comercial, como se vê pelos cartazes que anunciam a venda de geladinho[54], o aceite de encomendas de salgadinhos e doces, a oferta de serviço de manicure, a venda de produtos de beleza de grandes empresas[55], dentre outros serviços. Nota-se que essa configuração é muito diferente da existente em bairros de classe média ou alta, nos quais está presente a especialização dos espaços: bairro residencial, bairro industrial ou bairro comercial; edificação residencial ou comercial.

O "se virar" como meio de sobrevivência é fenômeno comum, como já descrito no Brasil por Gregori (2000), Rizek (2006) e Frehse (2013). Na Argentina, Menni (2004) estudou o mesmo fenômeno, denominado de *cuentapropismo de supervivencia* ou o *rebuscarsela*[56].

3.1 Conhecendo os traços da polimorfia

Dois são os espaços de pesquisa na cidade de São Paulo nos quais foi possível conhecer como as pessoas das camadas populares "criam" trabalho em centros urbanos. O primeiro é a feira livre, situada em bairro de classe média, e o segundo é um bairro de origem operária no qual migrantes oriundos de outras cidades e Estados do Brasil e também de outros países ali se estabeleceram. Abaixo serão apresentados alguns traços do trabalho observados nesses dois espaços.

3.1.1 Transitando entre o formal e o informal e trabalhando em ambos

O estudo do trabalho deve contemplar os diversos arranjos construídos pelas pessoas para sobreviver. Assim, embora haja importantes distinções entre trabalho formal e informal, o dia a dia segue outros parâmetros, dada a urgência para sobreviver.

---

54. Suco de groselha e de outras frutas, congelado em tubos de sacos plásticos, consumido como sorvete.

55. Avon® e Natura®, p. ex.

56. *Rebusque* significa "solución ocasional e ingeniosa con que se sortean las dificultades cotidianas" (Menni, 2004, p. 52).

Trabalhar "fichado"[57] em "firma"[58] é sempre uma realidade almejada, corroborando com a concepção de que a cultura do emprego (Jardim, 2009) é bastante potente, possibilitando o reconhecimento social e os direitos de cidadania no trabalho assalariado.

Há situações que mesclam a vinculação simultânea ao mercado formal e ao informal, mostrando que as pessoas movimentam-se nesses dois universos; há situações em que se geram rendimentos combinando mais de um tipo de trabalho. Situações com a caraterística a seguir são frequentes: empregados registrados que comercializam com seus colegas de trabalho artigos diversos, como produtos de beleza, roupas, artesanato, comidas etc. Realizado simultaneamente ao trabalho registrado, o bico pode desempenhar papel importante na composição do orçamento familiar, e não ser apenas uma atividade esporádica, mas, sim, atividade tão estável quanto a do emprego, embora desprotegida. Algo a notar em relação ao protagonismo do bico é o fato de que o rendimento com ele auferido pode chegar a ser superior ao do emprego assalariado. Para muitas pessoas, a busca de obtenção de rendimento suficiente e garantia de direitos trabalhistas e previdenciários só pode ser assegurada com essa dupla inserção. A cultura do emprego deposita na carteira de trabalho assinada a prova de idoneidade e de garantia para o acesso ao crédito.

O vínculo com o mercado formal de trabalho também pode se dar mesmo mediante afastamento do trabalho devido a problemas de saúde, o que dá direito a benefício previdenciário (auxílio doença, auxílio doença acidentário e aposentadoria). Entretanto, os valores desses benefícios, via de regra, são insuficientes, o que exige a realização de outros trabalhos remunerados e a busca por outros recursos. Denominamos "juntar pedaços" (Sato, 2009) a prática de pessoas cuja condição para sobreviver depende de recursos provenientes de diversas fontes, como o do trabalho remunerado nos mercados formal e informal, o das doações de pessoas,

---

57. Expressão comumente utilizada para designar o registro em carteira de trabalho.

58. Expressão comumente utilizada para designar empresa do mercado formal.

o da benemerência de instituições religiosas e o dos benefícios da assistência social. São situações que mesclam a condição de assalariado com a de desfiliado social, nos termos definidos por Castel (1998). Essa é a condição de uma jovem senhora que conhecemos em uma de nossas pesquisas (Sato, 2012). Ela trabalhava como cozinheira no refeitório de uma fábrica onde contraiu Lesão por Esforço Repetitivo devido às exigências de sua atividade laboral. Após diversas tentativas de manter-se na ativa, teve de se afastar do trabalho por um longo período, pois o grau de comprometimento de sua saúde e a impossibilidade de trabalhar nessa atividade deram-lhe o direito ao auxílio doença acidentário. Presa a essa condição de afastada do trabalho, viu-se obrigada a buscar outras fontes de rendimento e de obtenção de recursos. Assim, ela e seus familiares (irmã, irmão, filha e dois sobrinhos) coletavam e vendiam material reciclável. As feiras livres eram locais para recolher papelão desprezado pelos feirantes. Em comum acordo com eles, recolhiam o material e tinham um espaço permanente para guardar seus pertences e juntar o material. Nesse local, a família ganhava verduras, legumes e frutas de boa qualidade, mas que não tinham valor comercial para os feirantes. A rede de ajuda continuava e a família doava verduras para a creche na qual seus filhos ficavam. Além do trabalho remunerado, a família buscava recursos em instituições religiosas e algumas pessoas eram beneficiárias de programas sociais do município de São Paulo[59].

Outra situação evidencia que, a depender do momento de vida da pessoa, a busca por uma ou outra condição conduz ao trânsito do formal para o informal em movimento pendular. Há momentos em que se busca aumentar os rendimentos em detrimento da garantia de proteção – no caso, direitos trabalhistas e previdenciários –, trabalhando-se no mercado informal; em outros, evita-se trabalhos muito pesados devido à condição física, mesmo que isso signifique auferir rendimentos mais baixos; em outros, entre ter um rendimento maior ou um emprego com a carteira assinada, fica-se com a segunda opção, devido ao avançar da

59. Importante notar que os benefícios sociais podem ser criados ou extintos a depender de quem responde pelo governo.

idade, por exemplo. Importante ressaltar que situações como essa não retratam excesso de opções, mas, antes, escolhas necessárias diante da impossibilidade de contar com todas as condições mínimas numa só atividade.

Tentativas de trabalhar como assalariados mostraram para alguns trabalhadores que as condições de trabalho nesses empregos não lhes são suportáveis, tanto pela submissão a uma disciplina de fábrica como pelo fato de serem humilhados e, ainda, pelo baixo valor dos salários. Assim, trabalhadores que se veem impedidos de trabalhar no mercado formal de trabalho – devido às exigências das empresas no que tange à seleção para trabalhar em empregos cuja remuneração seja compatível com as necessidades de sobrevivência, em função do nível de escolaridade e do acesso a bens culturais e simbólicos (capital social) – buscam alternativas no mercado informal. Esses trabalhadores relatam experiências no mercado informal as quais lhes permitiam gozar de maior liberdade e de maior autonomia na definição da própria organização do trabalho. Entretanto, se houvesse possibilidade de fixar-se em um emprego no mercado formal que satisfizesse essas necessidades, o trabalhador optaria por abandonar a informalidade.

Muitas são as combinações de trabalhos realizados. A urgência e as circunstâncias de vida determinam as possibilidades e os limites em termos de trabalho e de formas de sobrevivência possíveis.

3.2.2 Redes sociais, ajuda mútua e criação de trabalho

Observa-se que as redes de sociabilidade dão sustentação à criação e à manutenção de trabalho não protegido. Elas são constituídas por relações sociais tecidas em encontros face a face, facilitando o estabelecimento de vínculos horizontalizados, construídos nos encontros espontâneos. As redes cumprem a função de acolher e de ajudar as pessoas que delas fazem parte; funcionam como potente meio de disseminação da informação e estimulam o aprendizado conjunto. A rede conecta uma pessoa a várias outras simultaneamente (Barnes, 1987, Sato, 2012).

Diversas atividades de trabalho são criadas porque a rede – composta por parentes, vizinhos e amigos – provê as condições necessárias para que se gere e se mantenha a criação de trabalho e rendimento. As iniciativas individuais são possíveis porque há um coletivo que dá sustentação às pessoas. Assim, é comum identificarmos nas feiras livres que parentes, vizinhos e amigos trabalham nesse mesmo ramo, comercializando os mesmos produtos ou outros bastante diferentes. Conversar com esses trabalhadores sobre os motivos que os levaram a iniciar o trabalho nesse comércio muito frequentemente conduz à resposta de que parentes e amigos incentivaram, ajudaram e ensinaram a trabalhar na feira. Dessa forma, o início de uma atividade de trabalho informal numa feira livre é facilitado pelo fato de que há pessoas que ali trabalham e que podem, inclusive, sugerir tipos de mercadoria e serviço a serem oferecidos (Sato, 2012).

A relação de ajuda mútua é parte importante da sociabilidade em alguns ambientes sociais: as pessoas se ajudam num sistema de prestações e contraprestações – a dádiva, conforme Marcel Mauss (2003). Segundo o autor, a dádiva tem sua base na solidariedade necessária para que a vida se reproduza; em alguns contextos é muito forte a concepção de que viver só é possível se for um exercício coletivo.

Um caso que ilustra como a ajuda de amigos é realmente imprescindível é o de uma senhora que iniciou a fabricação doméstica de pão de mel. Embora já tivesse trabalhado anteriormente no mercado formal na área contábil e, posteriormente, como operária no Japão (*dekasegui*), por força da necessidade passou a dedicar parte significativa de seu tempo aos cuidados de seu neto, de sua mãe e da casa. A ideia de reiniciar uma atividade remunerada que possibilitasse compatibilizar a execução das atividades de cuidado já a havia levado a fazer alguns trabalhos antes de produzir o pão de mel, comercializando chinelos e produtos de beleza, inserindo-se no mercado informal. A ideia de fazer pão de mel surgiu em conversa com sua cunhada, que intermediou contato com sua vizinha, a qual, por sua vez, ensinou-lhe uma "boa receita"[60] e lhe presenteou com uma forma para assar o pão. Além da venda de

---

60. A boa receita é imprescindível para que o produto tenha boa aceitação e seja economicamente viável.

porta em porta que ela mesma fazia, a comercialização também era facilitada por sua amiga que é cabeleireira e lhe permitia expor sua mercadoria no salão de beleza para suas freguesas, e ali os vendia. Esse caso deixa claro como as pequenas ajudas são importantes para que o trabalho se desenvolva: no caso, ensinar a receita boa e econômica, doar a forma e abrir espaço para expor o produto. A ajuda mútua dá-se numa rede na qual aquele que recebe ajuda pode ajudar uma terceira pessoa, e não necessariamente aquela que lhe ajudou.

3.2.3 A família como unidade de análise

É recorrente que nos estudos da psicologia sobre o trabalho considere-se o indivíduo (trabalhador/a) como unidade de análise. Assim, analisam-se atributos tais como suas aspirações, sua escolha, seu nível de escolaridade, sua competência, sua qualificação, sua carreira etc. Entretanto, a compreensão das condições que permitem "criar" ou realizar um trabalho no mercado informal em segmentos pobres da população exige que alarguemos o foco de estudo – no caso, que miremos a família. Esse aspecto está fortemente presente quando se analisa o trabalho da mulher, por exemplo. Infelizmente, apesar de todas as conquistas do movimento feminista, a divisão sexual de trabalho persiste, mantendo as mulheres em condições de desigualdade. Dessa forma, a mulher "pode" se dedicar a um trabalho precário, com menor rendimento e sem proteção social, porque ainda se mantém socialmente como sua tarefa principal o cuidado dos membros da família e a responsabilidade com o trabalho doméstico. Esse aspecto está presente no caso da senhora que produz e comercializa pão de mel: seu trabalho principal é não remunerado (cuidar da casa e das pessoas da família), o que a leva a dedicar-se à atividade remunerada apenas durante o tempo restante e nos horários que não conflitem com o de seu trabalho principal. Essa flexibilidade com o trabalho da mulher faz com que haja períodos nos quais ela se veja obrigada a abandonar o trabalho remunerado.

Além das questões de gênero e de divisão sexual do trabalho, outros motivos forjam trajetórias de trabalho que não são, necessariamente, opções individuais, mas um caminho quase natural, dado o contexto familiar e social, aliado aos valores e aos sentidos atribuídos ao trabalho nesse espaço. Há casos em que não faz sentido pensar em escolha profissional, pois as trajetórias de trabalho são desenhadas por condicionantes e possibilidades presentes no grupo familiar e social. No caso de feirantes é comum que a socialização primária se dê na feira livre e dela faça parte aprender a ser feirante, pois as crianças são levadas para o trabalho. Tal aprendizado ocorre em meio a diversas outras atividades, pois a esfera do trabalho não está separada de outras esferas da vida. Desse modo, é algo quase natural ser feirante (Sato, 2012).

3.2.4 "Criar" trabalho – fabricando objetos e reciclando material

Traço importante das situações estudadas é a criação de trabalhos reciclando material. Não se trata de uma opção orientada por princípio ecológico ou artístico, mas de condição imprescindível para realizar o trabalho. A inventividade vê outros usos para objetos e restos de material. Há casos em que, sem esse tipo de material, as pessoas não poderiam "criar" trabalho por dois motivos: o primeiro é de natureza financeira, pois essas pessoas não teriam como comprar matéria-prima e outros insumos para criar trabalho; o segundo refere-se à articulação entre a disponibilização de materiais e a formulação de ideias, pois nesses casos o tipo de trabalho/produto criado é decorrência do material de que se dispõe, e não o contrário. A materialidade é importante para nortear a decisão sobre as atividades a serem realizadas. Nos casos estudados, observamos que não se tem em mente, antecipadamente, a intenção de fazer/fabricar um determinado objeto, mas, ao contrário, essa construção depende dos recursos que se tem em mãos. Articulam-se diversos elementos para criar trabalho: materiais, conhecimentos, experiências, sugestões de conhecidos, viabilidade de comercialização etc. Essa é a dinâmica observada no trabalho criado por um senhor: oferta de flor (solitária) a casais que frequentam bares de classe média. A ideia de vendê-las surgiu em função de que a dona de uma floricultura lhe doava flores que para ela já não tinham valor comercial. Envolvendo as flores em uma bonita embalagem, o senhor aproveitava-se do clima romântico para obter seu rendimento.

Outro caso é relatado por uma senhora que trabalhara por vários anos em uma indústria têxtil e de confecção, onde aprendeu a costurar. Nessa época, também trabalhara fazendo um bico em outra indústria têxtil e de confecção, a qual desprezava retalhos. Posteriormente, vendo-se desempregada, ela e uma amiga decidiram costurar roupas infantis com esses retalhos. O produto da confecção caseira era oferecido a donos de bancas de roupas nas feiras do bairro onde ainda mora e nos seus arredores. Os modelos criados levavam em conta o tipo de material, os padrões dos retalhos recolhidos e a clientela em potencial.

Uma terceira situação envolve uma jovem senhora que fazia molhos com os tomates que ganhava de feirantes. O alimento, embora adequado para consumo, não tinha valor comercial para eles. O molho era comercializado na vizinhança.

Nos casos relatados, se não fossem as doações recebidas, essas pessoas não teriam condições de criar esses trabalhos e de gerar rendimento. De um lado, tais casos ilustram a astúcia dos que têm poucos recursos materiais para trabalhar, expressa na inventividade para criar algum trabalho mercantil com o que lhes sobra. Michel de Certeau (1994) nos ajuda a compreender diversos aspectos presentes na polimorfia do trabalho de segmentos pobres da população nos centros urbanos. Criam-se trabalhos nas brechas existentes mediante movimentos astuciosos, que aproveitam as oportunidades abertas. Como refere o autor, seria a "a arte do fraco". Por outro lado, mostra a extrema fragilidade dessas iniciativas, pois, sem dispor autonomamente de todos os meios para produzir (poder de compra), esses trabalhadores ficam à mercê da decisão alheia. Fazer arranjo de flores, molho de tomate caseiro e roupas infantis depende da matéria-prima doada.

3.2.5 O trabalho no lugar

A convivência com trabalhadores do bairro operário permitiu identificar que a sociabilidade do lugar e as relações próximas e pessoalizadas acolhem e incentivam a criação de determinados tipos de trabalho e constroem relações de trabalho e de ajuda. Vida e trabalho estão imbricados e situados antropologicamente. Assim, criam-se trabalhos que fazem sentido para aquele lugar, dados os costumes, os valores, os padrões econômico e de consumo, os modos de vida familiar, os gostos, as modas etc. Desse modo, o sucesso alcançado com uma iniciativa de trabalho mercantil num determinado bairro talvez não gere a mesma resposta dos consumidores quando transportada para outros ambientes sociais. Tal exigência pode estar presente em muitas atividades econômicas e em diversos trabalhos; entretanto, para o trabalho criado por segmentos pobres da população, tal ajuste é bastante visível e essa é uma exigência estrita, sob pena de a iniciativa perecer e a sobrevivência ficar ameaçada, dada a falta de recursos.

4 Notas finais

As diferentes faces do trabalho nos centros urbanos mostram que o emprego é apenas uma das modalidades de trabalho. O trabalho não protegido e informal é realidade que atinge parcela significativa da população do Brasil, motivo pelo qual a PST deve empreender esforços para dar visibilidade a essa realidade, passo importante para que ela possa criar formas de intervenção profissional e dar subsídios para a construção de políticas de proteção social. É importante referir que uma das principais motivações para estudar a polimorfia do trabalho foi a de jogar luz nos trabalhos que não são protegidos, criados pela população pobre com o objetivo de garantir a sobrevivência, cenário fiel à preocupação da PST em olhar o trabalho a partir do ponto de vista dos trabalhadores e seguindo os marcos da busca, manutenção e ampliação dos direitos de cidadania. Entretanto, infelizmente, o momento atual no Brasil (2016-2017) ameaça justamente o contrário de nossa intenção: de levar à condição de desproteção, à informalidade e à precariedade os segmentos que estão protegidos e que compõem o mercado formal de trabalho.

Referências

Antunes, R. (1995). *Adeus ao trabalho? Ensaio sobre as metamorfoses e a centralidade do mundo do trabalho*. São Paulo: Cortez Editora.

Azevedo, J. T. et al. (1998). As estratégias de sobrevivência e de busca de emprego adotadas pelos desempregados. *Cadernos de Psicologia Social do Trabalho, 1*(1), 15-42.

Barnes, H. (1987). "Redes sociais e processo político". In: B. Feldman-Bianco (Org.). *A antropologia das sociedades contemporâneas*. São Paulo: Global, pp. 159-194.

Bernardo, M. H. (2009). *Trabalho duro, discurso flexível: uma análise das contradições do toyotismo a partir da vivência de trabalhadores*. São Paulo: Expressão Popular.

Castel, R. (1998). *As metamorfoses da questão social: uma crônica do salário*. Petrópolis: Vozes.

Certeau, M. (1994). *A invenção do cotidiano – artes de fazer*. Petrópolis: Vozes.

Coutinho, M. C. (2009). Sentidos do trabalho contemporâneo: as trajetórias identitárias como estratégia de investigação. *Cadernos de Psicologia Social do Trabalho, 12*(2), 189-202.

Estevão, J. E., Évora, I. (Orgs.). *Trabalho, sociabilidade e geração de rendimento no espaço lusófono*. Coimbra: Almedina.

Frehse, F. (2012-II, 2013). A rua no Brasil em questão (etnográfica). *Anuário Antropológico*, 99-129.

Gregori, M. F. (2000). *Viração*. São Paulo: Companhia das Letras.

Hallak, J., Namir, K., & Kozovits, L. (2006). Setor e emprego informal no Brasil: análise dos resultados da nova série do sistema de contas nacionais – 2000/2006 [on-line]. Recuperado em 12 de maio, 2010, de http://www.ie.ufrj.br/datacenterie/pdfs/seminarios/pesquisa/texto1310.pdf

Ianni, O. (1994). *A ideia de Brasil Moderno*. São Paulo: Brasiliense.

Jardim, F. (2009). *Entre o desalento e a invenção – experiências de desemprego e desenraizamento em São Paulo*. São Paulo: Annablume, Fapesp.

Lima, M. E. A. (1995). *Os equívocos da excelência*. Petrópolis: Vozes.

Maciel, R. H., Santos, J. B. F., & Rodrigues, R. L. (2015). Condições de trabalho dos trabalhadores da saúde: um enfoque sobre os técnicos e auxiliares de nível médio. *Revista Brasileira de Saúde Ocupacional*, 40, 75-87.

Mauss, M. (2003). O ensaio sobre a dádiva. In: M. Mauss. *Sociologia e Antropologia*. São Paulo: Cosac Naif.

Menni, A. M. (2004). Cómo rebuscarsela: trabajo informal en tempos de crisi. *Política y Cultura*, 22, 47-70.

Navarro, V. L. (2006). Trabalho e trabalhadores do calçado: a indústria calçadista de Franca (SP). São Paulo: Expressão Popular.

Nouroudine, A. (2011). Como conhecer o trabalho quando o trabalho não é mais trabalho? *Trabalho, Educação e Saúde, 9*(1), 69-83.

Oliveira, F. (2007). A persistência da noção de ato inseguro e a construção da culpa: os discursos sobre os acidentes de trabalho em uma indústria metalúrgica. *Revista Brasileira de Saúde Ocupacional,* 32, 19-27.

Oliveira, F. (2013). O ornitorrinco. In: *Crítica à razão dualista: o ornitorrinco.* São Paulo: Boitempo.

Paparelli, R., Sato, L., & Oliveira, F. (2011). A saúde mental relacionada ao trabalho e os desafios aos profissionais de saúde. *Revista Brasileira de Saúde Ocupacional,* 36, 118-127.

Rizek, C. (2006). Viração e trabalho: algumas reflexões sobre dados de pesquisa. *Estudos de Sociologia,* Araraquara, *11*(21), 49-58.

Santos, M. (2004). *O espaço dividido: os dois circuitos da economia urbana dos países subdesenvolvidos.* São Paulo: Edusp.

Sato, L. (1993). A representação social do trabalho penoso. In: M. J. P. Spink (Org.). *O conhecimento no cotidiano – as representações sociais na perspectiva da psicologia social.* São Paulo: Brasiliense, pp. 188-211.

Sato, L. (2002). Prevenção de agravos à saúde do trabalhador: replanejando o trabalho através de negociações cotidianas. *Cadernos de Saúde Pública* (ENSP. Impresso), São Paulo, *18*(5), 1.147-1.157.

Sato, L. (2009). Juntando pedaços. In: M. J. S. Patto (Org.). *A cidadania negada: políticas públicas e formas de viver.* São Paulo: Casa do Psicólogo, pp. 23-28.

Sato, L. (2011). Psicologia e trabalho: focalizando as "profissões ignoradas". In: B. Medrado, & W. Galindo (Orgs.). *Psicologia Social e seus movimentos: 30 anos de Abrapso.* Recife: Abrapso-Ed. Universitária da UFPE, pp. 233-252.

Sato, L. (2012). *Feira livre: organização, trabalho e sociabilidade.* São Paulo: Edusp.

Souza, J. (Org.) (2009). *A ralé brasileira – quem é e como vive.* Belo Horizonte: Editora UFMG.

Souza, J. (Org.) (2010). *Os batalhadores brasileiros – nova classe média ou nova classe trabalhadora*? Belo Horizonte: Editora UFMG.

Souza, S. A. D., & Moulin, M. G. (2014). Serviço público: sentidos e significados de um trabalho em mutação. *Cadernos de Psicologia Social do Trabalho, 17*(1), 49-65.

Spink, P. (2009). Microcadeias produtivas e a nanoeconomia: repensando o trabalho decente. *Cadernos de Psicologia Social do Trabalho, 12*(2), 227-242.

Telles, V. S. (2010). *A cidade e as fronteiras do legal e ilegal*. Belo Horizonte: Argumentum.

Tittoni, J. (1994). *Subjetividade e trabalho – a experiência no trabalho e sua expressão na vida do trabalhador fora da fábrica*. Porto Alegre: Editora Ortiz.

Weber, F. (2010). *Trabalho fora do trabalho – uma etnografia das percepções*. Rio de Janeiro: Garamond.

SOBRE OS AUTORES

Egeu Gómez Esteves

Possui graduação em Psicologia pela Universidade de São Paulo, mestrado e doutorado em Psicologia Social também pela USP, além de pós-doutorado em Administração Pública pela Fundação Getúlio Vargas. Atualmente, é professor-adjunto da Universidade Federal do Rio Grande. Tem experiência na área de Psicologia Social do Trabalho, atuando nos temas do trabalho, democracia econômica, autogestão e economia solidária.

Fábio de Oliveira

Professor do Departamento de Psicologia Social e do Trabalho do Instituto de Psicologia da USP e coeditor dos Cadernos de Psicologia Social do Trabalho. Possui graduação em Psicologia pela USP, mestrado em Psicologia Social pela mesma universidade e doutorado em Psicologia Social pela PUC-SP. Realizou, em 2012, estudos de pós-doutoramento no Instituto de Ciências Sociais da Universidade de Lisboa.

Leny Sato

Psicóloga, professora titular do Departamento de Psicologia Social e do Trabalho do Instituto de Psicologia da Universidade de São Paulo. A partir da leitura do cotidiano, desenvolve pesquisas sobre trabalho, subjetividade e saúde, processos organizativos e polimorfia do trabalho.

Marcelo Afonso Ribeiro

Doutor em Psicologia Social e Livre-docente do Departamento de Psicologia Social e do Trabalho do Instituto de Psicologia da Universidade de São Paulo, onde coordena o CPAT (Centro de Psicologia Aplicada ao Trabalho). Desenvolve pesquisas na interface trabalho, desemprego, identidade e carreira.

Marcia Hespanhol Bernardo

Psicóloga, com especialização em Saúde Pública, mestrado e doutorado em Psicologia Social e do Trabalho pela Universidade de São Paulo. Tem ampla experiência profissional na área de Saúde do Trabalhador. Atualmente, é docente do Programa de Pós-Graduação em Psicologia da PUC-Campinas. Desenvolve pesquisas focalizando as configurações do trabalho na atualidade e suas consequências para a vida e a saúde dos trabalhadores.

Maria Chalfin Coutinho

Psicóloga, mestre em Educação e doutora em Ciências Sociais. Docente do PPGP/UFSC. Coordenadora do Núcleo de Estudos do Trabalho e Constituição do Sujeito. Investiga o trabalho em suas articulações com: processos identitários, produção de sentidos, participação, cotidiano, economia solidária, gênero, saúde, emprego e desemprego, trabalho doméstico. Professora Titular Aposentada da UFSC.

Regina Heloisa Maciel

Possui graduação em Psicologia pela Universidade de São Paulo, mestrado em Applied Psychology Ergonomics – University of Wales e doutorado em Psicologia pela Universidade de São Paulo. Atualmente coordena o Núcleo de Estudos sobre o Trabalho e o Laboratório de Estudos sobre o Trabalho (LET) do Programa de Pós-Graduação em Psicologia da Unifor. Atua principalmente nos seguintes temas: ergonomia, condições de trabalho, saúde do trabalhador, assédio moral no trabalho e *burnout*.

Rosemeire Aparecida Scopinho

Professora associada do Departamento de Psicologia da UFSCar – Universidade Federal de São Carlos, é credenciada nos Programas de Pós-Graduação em Psicologia e em Sociologia e coordena o Nuestra – Núcleo de Pesquisa Trabalho, Sociedade e Comunidade/UFSCar. É membro da diretoria da Rede de Estudos Rurais. scopinho@ufscar.br

Tereza Glaucia Rocha Matos

Doutora em Psicologia pela Universidad de Barcelona, na Espanha. Professora do Programa de Pós-Graduação em Psicologia da Universidade de Fortaleza. Participa do Laboratório de Estudos sobre o Trabalho – LET.

Vera Lucia Navarro

Professora-associada na Faculdade de Filosofia, Ciências e Letras de Ribeirão Preto da Universidade de São Paulo (FFCLRP/USP), credenciada no Programa de Pós-Graduação em Saúde na Comunidade, da FMRP/USP, e no Programa de Pós-Graduação em Psicologia da FFCLRP/USP. Membro do Grupo de Estudos Mundo do Trabalho e suas Metamorfoses, inscrita no Diretório de Grupos de Pesquisa do CNPq.

As representações sociais nas sociedades em mudança

Jorge Correia Jesuíno, Felismina R.P. Mendes e Manuel José Lopes (orgs.)

Nesse livro o leitor encontra um conjunto de textos de autores incontornáveis sobre a temática das representações sociais que, de algum modo, têm procurado dar resposta ao desafio de enquadrarem as suas reflexões nos contextos sociais, econômicos e políticos característicos das sociedades em mudança acelerada – causa e consequência da globalização em curso.

Contempla ainda os desenvolvimentos futuros do paradigma das representações sociais no quadro interdisciplinar de uma psicologia social cada vez mais interdisciplinar.

Grupos, organizações e instituições

Georges Lapassade

Escrito por Georges Lapassade (1924-2008) entre 1963 e 1964, *Grupos, organizações e instituições* hoje é um clássico nas Ciências Humanas, de interesse especial para a Psicologia Social. Trata-se de uma pesquisa avançada a respeito da burocracia, com referências que cobrem do final do século XIX ao início dos anos 1960.

Para esse período, o autor delimitou três fases: a primeira corresponde ao estabelecimento da sociedade capitalista industrial em que os trabalhadores se organizavam em ofícios; a segunda corresponde à burocratização das grandes empresas e às organizações operárias em sindicatos; a terceira é a da automação industrial moderna, com o surgimento de uma nova classe operária a reivindicar a autogestão. A essas fases correspondem focos diferentes: os grupos, as organizações e as instituições.

EDITORA VOZES LTDA.
Rua Frei Luís, 100 - Centro - Cep 25689-900 - Petrópolis, RJ
Tel.: (24) 2233-9000 - E-mail: vendas@vozes.com.br